Kohlhammer

Psychodynamische Psychotherapie mit Kindern, Jugendlichen und jungen Erwachsenen

Perspektiven für Theorie, Praxis und Anwendungen im 21. Jahrhundert

Herausgegeben von Arne Burchartz, Hans Hopf und Christiane Lutz

Eine Übersicht aller lieferbaren und im Buchhandel angekündigten Bände der Reihe finden Sie unter:

 https://shop.kohlhammer.de/psychodynamische-psychotherapie

Die Autorin

Dr. phil. Marie-Luise Althoff, Psychoanalytikerin, Supervisorin, Lehranalytikerin. Studium der Mathematik, Erziehungswissenschaften und Psychologie. Kassenpsychotherapeutische Tätigkeit in Herford von 1992–2012. Seitdem niedergelassen in privater Praxis in Bielefeld mit den Schwerpunkten Supervision, Selbsterfahrung, Gruppen- und Paartherapie. Seit 1998 tätig in der Aus- und Weiterbildung von Psychotherapeutinnen und Psychotherapeuten an mehreren Ausbildungsinstituten. Ausbildung am Anna Freud Centre in MBT; vertritt das Thema Mentalisieren auf Tagungen, z. B. in Erfurt, Bad Salzuflen, Lindau; ist Gründungsmitglied des MBT-D-A-CH.

Marie-Luise Althoff

Die begleitende Psychotherapie der Bezugspersonen

Theorien, Modelle und Behandlungstechnik in der psychodynamischen Psychotherapie

2., erweiterte und überarbeitete Auflage

Verlag W. Kohlhammer

Dieses Werk einschließlich aller seiner Teile ist urheberrechtlich geschützt. Jede Verwendung außerhalb der engen Grenzen des Urheberrechts ist ohne Zustimmung des Verlags unzulässig und strafbar. Das gilt insbesondere für Vervielfältigungen, Übersetzungen und für die Einspeicherung und Verarbeitung in elektronischen Systemen.

Pharmakologische Daten verändern sich ständig. Verlag und Autoren tragen dafür Sorge, dass alle gemachten Angaben dem derzeitigen Wissensstand entsprechen. Eine Haftung hierfür kann jedoch nicht übernommen werden. Es empfiehlt sich, die Angaben anhand des Beipackzettels und der entsprechenden Fachinformationen zu überprüfen. Aufgrund der Auswahl häufig angewendeter Arzneimittel besteht kein Anspruch auf Vollständigkeit.

Die Wiedergabe von Warenbezeichnungen, Handelsnamen und sonstigen Kennzeichen berechtigt nicht zu der Annahme, dass diese frei benutzt werden dürfen. Vielmehr kann es sich auch dann um eingetragene Warenzeichen oder sonstige geschützte Kennzeichen handeln, wenn sie nicht eigens als solche gekennzeichnet sind.

Es konnten nicht alle Rechtsinhaber von Abbildungen ermittelt werden. Sollte dem Verlag gegenüber der Nachweis der Rechtsinhaberschaft geführt werden, wird das branchenübliche Honorar nachträglich gezahlt.

Dieses Werk enthält Hinweise/Links zu externen Websites Dritter, auf deren Inhalt der Verlag keinen Einfluss hat und die der Haftung der jeweiligen Seitenanbieter oder -betreiber unterliegen. Zum Zeitpunkt der Verlinkung wurden die externen Websites auf mögliche Rechtsverstöße überprüft und dabei keine Rechtsverletzung festgestellt. Ohne konkrete Hinweise auf eine solche Rechtsverletzung ist eine permanente inhaltliche Kontrolle der verlinkten Seiten nicht zumutbar. Sollten jedoch Rechtsverletzungen bekannt werden, werden die betroffenen externen Links soweit möglich unverzüglich entfernt.

2., erweiterte und überarbeitete Auflage 2025

Alle Rechte vorbehalten
© W. Kohlhammer GmbH, Stuttgart
Gesamtherstellung: W. Kohlhammer GmbH, Heßbrühlstr. 69, 70565 Stuttgart
produktsicherheit@kohlhammer.de

Print:
ISBN 978-3-17-045016-5

E-Book-Formate:
pdf: ISBN 978-3-17-045017-2
epub: ISBN 978-3-17-045018-9

Vorwort

Auf die Mitarbeit der Bezugspersonen kann in der Kinder- und oft auch in der Jugendlichenpsychotherapie nicht verzichtet werden (Ahlheim, 2007, Chethik, 2000, Novick & Novick, 2009, Althoff, 2007, Windaus, 1999). Auch in den Psychotherapie-Richtlinien ist die begleitende Psychotherapie der Bezugspersonen vorgesehen und zwar mit einem Regelverhältnis von 1 Sitzung der Bezugspersonen zu 4 Sitzungen des Kindes (Rüger, et al., 2015). In begründeten Fällen kann von diesem Verhältnis abgewichen werden (▶ Kap. 6).

Die Bedeutung der Mitarbeit der Bezugspersonen ergibt sich im Wesentlichen aus zwei Gründen:

1. Sie müssen die Therapievereinbarung – manchmal sogar gegen den erklärten Wunsch des Kindes – schließen und halten.
   Sie sind für die Aufrechterhaltung des Rahmens in organisatorischer Hinsicht zuständig. Die Psychotherapeutin oder der Psychotherapeut muss also ein Arbeitsbündnis mit den Bezugspersonen herstellen und aufrechterhalten.
2. Der fortschreitende Prozess einer Kinder- und Jugendlichenpsychotherapie verlangt darüber hinaus auch von den Bezugspersonen Reflexion und eigene Entwicklung, denn der von ihnen formulierte Behandlungsauftrag stimmt oft mit dem – ggf. implizit ausgedrückten – Behandlungsauftrag des Kindes nicht überein. Der Auftrag der Bezugspersonen ist vielleicht zunächst eher auf die Symptomreduktion und das individuelle Glück des Kindes gerichtet, während das Kind (unbewusst) auch die Dynamik in der Familie und die Konflikte seiner Eltern als Quelle des Leidens zum Ausdruck bringt und als Behand-

lungsauftrag die Veränderung und Harmonisierung der Beziehungen in der Familie im Sinn hat.

Um die Aufgaben, die sich in der begleitenden Psychotherapie der Bezugspersonen ergeben, bewältigen zu können, wird sich die Psychotherapeutin oder der Psychotherapeut an bestimmten Konzepten und Methoden, aber auch eigenen Motivationen und Wertvorstellungen orientieren und die klinische Vorgehensweise dementsprechend strukturieren.

In diesem Buch sollen die Bausteine, die für ein Gelingen der Arbeit mit den Bezugspersonen bzw. mit Bezugssystemen unabdingbar sind, dargestellt werden. Die allgemeine Zielvorstellung der Elternarbeit hat sich m. E. seit den Anfängen ihrer Institutionalisierung in Deutschland bis heute nicht geändert. Nicht die Belehrung oder Beratung, sondern die »Umstimmung der Gefühlslage« (Dührssen, 1980, S. 181) der Eltern bzw. Bezugspersonen sollte angestrebt werden. Damit wird klargestellt, dass Bezugspersonenarbeit nicht beratende, sondern therapeutische Tätigkeit ist. Auch Bezugspersonen tragen die Erwartung einer hilfreichen Beziehung an den Kinder- und Jugendlichenpsychotherapeuten heran.

Das Buch beginnt mit einer allgemeinen Einführung in die klassischen Konzepte der Elternarbeit sowie mit einem Überblick über die Konzepte des aktuellen fachlichen Diskurses (▶ Kap. 1). Anschließend wird diskutiert, welche Motivationszusammenhänge Psychotherapeuten dazu bringen können, einen nicht unerheblichen Teil ihrer Arbeitskraft (1/4 bis 1/3) Eltern zur Verfügung zu stellen und welche therapeutische Haltung sich daraus den Eltern gegenüber ergeben kann (▶ Kap. 2). Als weiterer psychodynamisch wirksamer Faktor wird die grundsätzliche Bedeutung, die ein Kind für die Bezugspersonen hat, untersucht sowie die Bedeutung der mit Elternschaft verbundenen Entwicklungs- und Konfliktpotentiale diskutiert (▶ Kap. 3). Zu den Grundannahmen der begleitenden psychodynamischen Psychotherapie gehört, dass eine komplexe Übertragungssituation vorliegt. Die Eltern bzw. Bezugspersonen sind als reale Beziehungspartner des Patienten und des Psychotherapeuten anwesend. Gleichzeitig haben sie eine große dynamische Bedeutung als Objektrepräsentanzen im Kind (mit ihrem frühen und aktuellen Selbst) und im Psychotherapeuten (mit ihren eigenen kindlichen, jugendlichen und erwachsenen Anteilen) sowie mit ihren eigenen unbewussten und schuldgefühlsbehafteten Über-Ich- und Ideal-Ich-Vorstellungen von Elternsein (▶ Kap. 4).

In den nachfolgenden Kapiteln wird auf der Basis dieser vorbereitenden Überlegungen und Grundannahmen der Prozess der begleitenden Psychotherapie der Bezugspersonen konzipiert als eigener Prozess, der stets ein die Kinder- und Jugendlichenpsychotherapie begleitender sein soll und doch auch immer seinen eigenen Gesetzen folgt. Es werden konzeptionelle Überlegungen und konkrete Handlungsoptionen zur diagnostischen und Auswertungsphase (▶ Kap. 5), zur Vereinbarung des Rahmens (▶ Kap. 6), zur Anfangsphase der Behandlung (▶ Kap. 7), zur mittleren Phase (▶ Kap. 8), zur Vorbereitung der Beendigung (▶ Kap. 9) und Beendigung der therapeutischen Arbeit (▶ Kap. 10) vorgestellt. Der Fall, dass Bezugspersonen über die begleitende Arbeit hinaus oder im Anschluss an die Kinder- und Jugendlichentherapie eine weitere Therapiemotivation entwickeln, wird in Kapitel 9 (▶ Kap. 9) und Kapitel 10 (▶ Kap.10) diskutiert.

Zusammenfassend kann festgestellt werden, dass die begleitende Psychotherapie der Bezugspersonen eine spezielle Form der Therapie ist, die in der Regel niederfrequent und mit einer Zahl von 3–6 Sitzungen als Kurzzeittherapie bis hin zu 45 Sitzungen als Langzeittherapie, bei einem Regelverhältnis von 1 : 4, stattfindet (Stand 4/2017). Im begründeten Ausnahmefall können es bei einem veränderten Verhältnis von Bezugspersonen- zu Patientensitzungen noch etliche Sitzungen mehr sein (▶ Kap. 6). Begleitende Psychotherapie der Bezugspersonen ist weder Beratung noch Einzel- oder Paartherapie, sondern sie hat unter Beachtung der strukturellen Fähigkeiten der Bezugspersonen die Mentalisierung und Bearbeitung der Vorstellungen von Elternschaft und der Beziehung zum Kind unter Nutzung des Übertragungs-Gegenübertragungsprozesses zum Inhalt (▶ Kap. 11). Ich werde nachfolgend der Einfachheit halber statt »begleitende Psychotherapie der Bezugspersonen« oft abgekürzt von »Elternarbeit« sprechen. Mit Eltern sind dann die Bezugspersonen gemeint, die für den Patienten Elternfunktion haben, also neben den leiblichen Eltern z. B. Pflege-, Adoptiv-, Stief-, Zieh- und Großeltern, oder diejenigen, die sorgende Aufgaben übertragen bekommen haben, z. B. Betreuer, Erzieher und Vormünder.

Dank

Es freut mich sehr, dass dieses Thema weiterhin auf Interesse stößt und nun in überarbeiteter Form in die zweite Auflage gehen kann.

Noch einmal wurde mir bewusst, wie sehr ich meiner Familie für ihre Unterstützung und ihr Wohlwollen mir gegenüber von Herzen danke.

Meine Erfahrungen, die in dieses Buch – und auch seine Weiterentwicklung – eingeflossen sind, verdanke ich meinen Patienten und deren Bezugspersonen, die mich vieles gelehrt und mich bereichert haben. Danke!

Ich danke den Herausgebern dieser Buchreihe, Frau Lutz, Herrn Hopf und Herrn Burchartz, herzlich dafür, dass sie mir dieses wertvolle Thema zugetraut und anvertraut haben und mir die tiefergehende Beschäftigung mit dem Thema der begleitenden Psychotherapie der Bezugspersonen ermöglicht haben.

Besonders herzlich danke ich Arne Burchartz für seine freundliche und konstruktive Durchsicht des ursprünglichen Manuskripts. Dem Kohlhammer-Verlag, insbesondere Annika Grupp, danke ich für die erneute vertrauensvolle Zusammenarbeit, die hilfreichen Rückmeldungen und die Ermöglichung dieser überarbeiteten Auflage.

Inhalt

Vorwort 5

Dank 9

1 **Therapeutische Arbeit mit Bezugspersonen – Einführung und historischer Überblick** 17
   1.1 Die Bedeutung der Arbeit mit Bezugspersonen in den Anfängen der Kinderanalyse 18
      1.1.1 Einbeziehung der Eltern als Co-Therapeuten 19
      1.1.2 Werbung um Geduld, Duldsamkeit und Informationen 20
      1.1.3 Vorbeugung, Aufklärung, Beeinflussung und Simultananalyse 21
      1.1.4 Werben für Zurückhaltung 25
      1.1.5 Anleitung, Einbeziehung und Wertschätzung der Eltern 27
   1.2 Die Bedeutung der Arbeit mit den Eltern in aktuellen Konzepten der Kindertherapie 29
      1.2.1 Ich-psychologisch orientierte Arbeit an der Elternpathologie 31
      1.2.2 Wiedergewinnung oder Stärkung der Elternfunktion 32
      1.2.3 Schaffung eines günstigen therapeutischen Klimas 34

		1.2.4	Angebot einer hilfreichen Beziehung und der Arbeit an unbewussten pathogenen Überzeugungen	35

1.2.4 Angebot einer hilfreichen Beziehung und der Arbeit an unbewussten pathogenen Überzeugungen ... 35
1.2.5 Beachtung der Übertragungsangebote der Eltern ... 35
1.2.6 Verstehen typischer Muster durch szenisches Verstehen ... 37
1.2.7 Berücksichtigung der Typenlehre nach C.G. Jung ... 38
1.2.8 Hilfe zur Entwicklung von triadischer Kompetenz ... 39
1.2.9 Gewinnung der Eltern als Bündnispartner mit dem Ziel von Weiterentwicklung derselben ... 41
1.2.10 Förderung der Mentalisierungskompetenz der Eltern ... 43
1.2.11 Elternarbeit mit durch Elternschaft traumatisierten Eltern ... 45
1.3 Kapitelabschluss ... 46
1.3.1 Zusammenfassung ... 46
1.3.2 Literatur zur vertiefenden Lektüre ... 47
1.3.3 Weiterführende Fragen ... 47

2 Die Motivation des Therapeuten für die therapeutische Arbeit mit Bezugspersonen ... **48**
2.1 Widerstände gegen die Arbeit mit Bezugspersonen ... 49
2.1.1 Sozial-historische Ursachen ... 49
2.1.2 Theoretische Ursachen ... 50
2.1.3 Berufspolitische Ursachen ... 50
2.1.4 Psychodynamische Ursachen ... 51
2.1.5 Wie kann sich angesichts dieser Widerstände, Gegenübertragungen und Übertragungen die Motivation für eine tiefgehende und intensive Elternarbeit zu einer entsprechenden Praxis entwickeln? ... 57

	2.2	Von der Motivation zur Intention für Elternarbeit	58
		2.2.1 Psychodynamische Voraussetzungen	58
		2.2.2 Entwicklung der eigenen triadischen Kompetenz	59
		2.2.3 Entwicklung der eigenen Mentalisierungsfähigkeit	63
		2.2.4 Erweiterung des Ausbildungscurriculums	72
	2.3	Kapitelabschluss	72
		2.3.1 Zusammenfassung	72
		2.3.2 Literatur zur vertiefenden Lektüre	73
		2.3.3 Weiterführende Fragen	73
3	**Die Bedeutung des Kindes für die Bezugspersonen**		**75**
	3.1	Unbewusste Wünsche	77
	3.2	Unbewusste Ängste	80
	3.3	Unvorhersehbare Risiken	81
	3.4	Traumatisierungen durch Elternschaft	84
	3.5	Warum kommen Eltern so spät in die Sprechstunde des Kinder- und Jugendlichen-Therapeuten?	87
	3.6	Warum kommen die Eltern mit dem Kind, warum gehen sie nicht selbst in Therapie?	89
	3.7	Chancen für Kind und Eltern	90
	3.8	Kapitelabschluss	90
		3.8.1 Zusammenfassung	90
		3.8.2 Literatur zur vertiefenden Lektüre	91
		3.8.3 Weiterführende Fragen	91
4	**Konzeptionelle Grundlagen der begleitenden Psychotherapie**		**92**
	4.1	Grundlagen des therapeutischen Selbstverständnisses	92
		4.1.1 Elternschaft als normale Entwicklungsphase	92
		4.1.2 Die Bedeutung der Eltern-Kind-Interaktion	94
		4.1.3 Das therapeutische Bündnis mit den Eltern	94
		4.1.4 Behandlungsphasen	96

	4.1.5 Die Aufgaben des Bündnisses	97
	4.1.6 Die Zielsetzung	98
	4.1.7 Die Interventionen	98
4.2	Spezielle Grundlagen der therapeutischen Interventionstechnik	99
	4.2.1 Die Förderung von Mentalisierung	99
	4.2.2 Die Arbeit an der unbewussten pathogenen Überzeugung	101
	4.2.3 Die Kontextanalyse	103
4.3	Kapitelabschluss	106
	4.3.1 Zusammenfassung	106
	4.3.2 Literatur zur vertiefenden Lektüre	106
	4.3.3 Weiterführende Fragen	107

5 Die Erkundungsphase — 108

5.1	Erste Kontaktaufnahme	109
5.2	Erstes Gespräch mit den Eltern (ggf. im Beisein des Kindes oder der Kinder)	111
5.3	Zweites und weitere Erkundungsgespräche	114
5.4	Entwicklungs- und Umstellungsbereitschaft sowie Bündnisaufgabe	116
5.5	Behandlungsempfehlung	117
5.6	Kapitelabschluss	120
	5.6.1 Zusammenfassung	120
	5.6.2 Literatur zur vertiefenden Lektüre	121
	5.6.3 Weiterführende Fragen	121

6 Die Phase der Vereinbarung des Rahmens — 123

6.1	Widerstände, Ängste und daraus resultierende Bündnisaufgaben	124
6.2	Die Vereinbarung von Rahmen und Setting	126
6.3	Die Nutzung der Macht der Umstände in der Elternarbeit	129
6.4	Kapitelabschluss	136
	6.4.1 Zusammenfassung	136
	6.4.2 Literatur zur vertiefenden Lektüre	137

		6.4.3 Weiterführende Fragen	137

7 Die Anfangsphase der Psychotherapie … **138**
- 7.1 Zentrale Bündnisaufgabe … 138
- 7.2 Therapeutische Interventionen … 144
- 7.3 Besonderheiten der Jugendlichen-Psychotherapie bei Beginn der Therapie … 147
- 7.4 Kapitelabschluss … 149
  - 7.4.1 Zusammenfassung … 149
  - 7.4.2 Literatur zur vertiefenden Lektüre … 150
  - 7.4.3 Weiterführende Fragen … 151

8 Die mittlere Therapiephase … **152**
- 8.1 Bündnisaufgaben und Ängste … 153
  - 8.1.1 Die unbewusste pathogene Überzeugung … 155
  - 8.1.2 Die Ängste … 156
  - 8.1.3 Destruktive Machtkämpfe in Familien … 159
- 8.2 Arbeitsaufgaben des Therapeuten … 162
- 8.3 Kapitelabschluss … 164
  - 8.3.1 Zusammenfassung … 164
  - 8.3.2 Literatur zur vertiefenden Lektüre … 164
  - 8.3.3 Weiterführende Fragen … 165

9 Die Vorbereitung der Beendigung … **166**
- 9.1 Bündnisaufgabe … 167
- 9.2 Kontextanalytisches Beispiel … 168
- 9.3 Kapitelabschluss … 175
  - 9.3.1 Zusammenfassung … 175
  - 9.3.2 Literatur zur vertiefenden Lektüre … 175
  - 9.3.3 Weiterführende Fragen … 176

10 Die Beendigungsphase und Vorbereitung des »Danach« … **177**
- 10.1 Bündnisaufgabe … 178
- 10.2 Vorbereitung des »Danach« … 182

	10.3 Kapitelabschluss	184
	10.3.1 Zusammenfassung	184
	10.3.2 Literatur zur vertiefenden Lektüre	184
	10.3.3 Weiterführende Fragen	184
11	**Perspektive und Ausblick**	**185**
	11.1 Kapitelabschluss	190
	11.1.1 Zusammenfassung	190
	11.1.2 Literatur zur vertiefenden Lektüre	191
	11.1.3 Weiterführende Fragen	191
Literatur		**192**
Stichwortverzeichnis		**201**
Personenverzeichnis		**204**

1 Therapeutische Arbeit mit Bezugspersonen – Einführung und historischer Überblick

> Seit den Anfängen der Kindertherapie in den 1920-er Jahren hat es Überlegungen zur Elternarbeit gegeben. Diese bezogen sich damals gesellschaftsbedingt fast ausschließlich auf die Arbeit mit den (leiblichen) Müttern. Nach einer Darstellung der historischen Vorläufer der heutigen Konzepte werden diese auf ihre Aktualität hin untersucht. Gleichzeitig werden Gründe dafür benannt, warum es trotz der großen Bedeutung des Themas nur wenig Literatur dazu gibt und diesem Thema ein m. E. zu geringer Teil der psychotherapeutischen Ausbildung gewidmet ist. Dieses Buch soll dazu beitragen, die Lücke zu schließen.

Die begleitende psychotherapeutische Arbeit mit den Bezugspersonen umfasst immerhin 25–35 % der therapeutischen Arbeit eines Kinder- und Jugendlichenpsychotherapeuten. Hinzu kommt, dass die Organisation der Therapie sowie die Auseinandersetzung mit den Settings- bzw. Rahmenbedingungen – je jünger der Patient ist, umso mehr – zwischen Bezugspersonen und Therapeut ausgehandelt und vereinbart wird. Der Anteil an vorzeitig beendeten Kinder- und Jugendlichenpsychotherapien, die von Seiten der Bezugspersonen abgebrochen werden, ist hoch; sei es, dass die Therapien gar nicht in Gang kommen, unerwartet abgebrochen werden oder ein vorzeitiges Ende finden. Insofern kommt diesem großen Bereich der Kinder- und Jugendlichenpsychotherapie der Stellenwert einer »conditio sine qua non« (notwendige Bedingung) zu – bei kurioserweise immer noch vorhandener Verleugnung der großen Bedeutung dieses Bereiches in Curricula und Lehrbüchern.

Vermutlich hat diese geringe Beachtung auch historische Gründe, denn der Stellenwert der begleitenden Arbeit mit den Eltern wurde in den Anfängen der Kinderanalyse als noch geringer erachtet. Erst recht wurde eine mögliche psychotherapeutische Bedeutung der Elternarbeit für die Eltern kaum reflektiert. Es gab folglich auch noch kein Bewusstsein für die Möglichkeiten und Notwendigkeiten der therapeutischen Einbeziehung von Eltern im Rahmen von begleitender Elternarbeit.

1.1 Die Bedeutung der Arbeit mit Bezugspersonen in den Anfängen der Kinderanalyse

Es ist bekannt, dass Sigmund Freud nicht mit Kindern gearbeitet hat. Patienten im Jugendlichenalter hat er im Rahmen der normalen analytischen Methode im dyadischen Setting behandelt. Eine Ausnahme bildet Freuds Darstellung der Behandlung eines fünfjährigen Kindes, die »Analyse der Phobie eines fünfjährigen Knaben« (Freud, 1909). Der Patient ist allgemein bekannt geworden als der kleine Hans. Allerdings hat Freud im Fall des kleinen Hans' nur »ein einziges Mal in einem Gespräche mit dem Knaben persönlich eingegriffen« (Freud, 1909, S. 243) und ansonsten den Vater angeleitet. Er hat das Kind wohl mehrmals gesehen – es gibt ein Foto, das ihn auf Freuds Schoss sitzend zeigt –, beschränkte sich aber darauf, mit dem Vater zu diskutieren. Der Vater war von 1904–1909 Mitglied der Mittwochsgesellschaft, also ein Vertrauter Freuds. Er protokollierte seine Beobachtungen und Interventionen und besprach diese dann mit Freud. Über Gespräche mit der Mutter des Jungen gibt es keine Informationen. Freud schreibt, dass für die Eltern von Beginn der Erkrankung feststand, dass man »den Zugang zu seinen verdrängten Wünschen auf psychoanalytischem Wege suchen müsse« (Freud 1909, S. 351), damit sie selbst die Familiensituation besser verstehen und ihrem Kind helfen können. Ein solches Vorgehen könnte sicherlich noch heute, z. B.

bei einer kindlichen Neurose in statu nascendi, in Erwägung gezogen werden. Darüber hinaus ging es Freud bei dieser Behandlung vermutlich weniger um die Darstellung einer therapeutischen Behandlung, sondern vielmehr darum, seine Hypothesen über die infantile Sexualität an den Phantasien und Äußerungen von Hans zu belegen. Er schreibt in der Einleitung zur Falldarstellung:

> »Der besondere Wert dieser Beobachtung ruht aber in Folgendem: Der Arzt, der einen erwachsenen Nervösen psychoanalytisch behandelt, gelangt durch seine Arbeit des schichtweisen Aufdeckens psychischer Bildungen schließlich zu gewissen Annahmen über die infantile Sexualität, in deren Komponenten er die Triebkräfte aller neurotischen Symptome des späteren Lebens gefunden zu haben glaubt« (Freud, 1909, S. 243).

Dennoch kommt diesem Fall eine große Bedeutung zu, bleibt »Der kleine Hans« doch die erste Darstellung einer kinderanalytischen Behandlung. Schon in dieser Behandlung wurden neben der sprachlichen Verständigung die Ausdrucksformen von Spielhandlungen, Zeichnungen und Träumen genutzt, um die Phantasien des Jungen zu verstehen und zu deuten. Bahnbrechend neu daran war, kindliche Gedanken und Phantasien überhaupt als bedeutungsvoll zu erachten und die Ermutigung Freuds an seine »Schüler und Freunde, Beobachtungen über das zumeist geschickt übersehene oder absichtlich verleugnete Sexualleben der Kinder« zu sammeln (Freud, 1909, S. 244).

1.1.1 Einbeziehung der Eltern als Co-Therapeuten

In dieser Fallgeschichte wird auch eine mögliche Form der Elternarbeit dargestellt, nämlich die Anleitung der Eltern darin, dem Kind bei der Lösung seiner Probleme zu helfen. Damit stand das Kind im Zentrum der Behandlung. Die Vater-Kind-Interaktion, geschweige denn die Mutter-Kind-Interaktion, war nicht Gegenstand des Gespräches von Sigmund Freud und dem Vater. In moderner Sprache könnte man sagen, der Vater nahm die Rolle eines Co-Therapeuten ein. Allerdings kann man entdecken, dass Freud eine der Begrenzungen des Einsatzes von Eltern als »Co-Therapeuten«, nämlich deren Verhaftung in einer übertriebenen Sorge um das Kind, erkannt hat, wenn er schreibt:

>»Hätte ich allein die Verfügung darüber gehabt, so hätte ich's gewagt, dem Kinde auch noch die eine Aufklärung zu geben, welche ihm von seinen Eltern vorenthalten wurde. Ich hätte seine triebhaften Ahnungen bestätigt, indem ich ihm von der Existenz der Vagina und des Koitus erzählt hätte, so den ungelösten Rest um ein weiteres Stück verkleinert und seinem Fragedrang ein Ende gemacht. Ich bin überzeugt, er hätte weder die Liebe zur Mutter noch sein kindliches Wesen infolge dieser Aufklärungen verloren und hätte eingesehen, dass seine Beschäftigung mit diesen wichtigen, ja so imposanten Dingen nun ruhen muß, bis sich sein Wunsch, groß zu werden, erfüllt hat. Aber das pädagogische Experiment wurde nicht soweit geführt« (Freud, 1909, S. 375 f.).

Im Fall der 18-jährigen Dora hat Sigmund Freud den Behandlungsauftrag vom Vater entgegengenommen, den er zuvor behandelt hatte. Er hat nicht mit der Mutter gesprochen. Das Mädchen selbst war schon zwei Jahre zuvor als 16-jährige und dann wieder als 18-jährige nicht zur Behandlung motiviert: »Jeder Vorschlag, einen neuen Arzt zu konsultieren, erregte ihren Widerstand, und auch zu mir trieb sie erst das Machtwort des Vaters.« (Freud, 1905, S 177). Freud begann diese Behandlung also auf ausdrücklichen Wunsch des Vaters, ohne Einbeziehung der Mutter und gegen den Widerstand der Jugendlichen; ein aus heutiger Sicht fragwürdiges Vorgehen für eine Jugendlichenpsychotherapie.

1.1.2 Werbung um Geduld, Duldsamkeit und Informationen

Erst 10 Jahre später befasste sich Hermine Hug-Hellmuth systematisch mit der Analyse von Kindern und widmete sich auch als erste erklärtermaßen dem Thema der Elternarbeit (1920). In ihrer Arbeit betonte sie die erzieherischen und heilpädagogischen Aufgaben des Kinderanalytikers. Auch sie arbeitete nicht konfliktbezogen mit den Eltern, versuchte sie eher zurückzudrängen:

> Eine »Schwierigkeit erwächst aus dem übereifrigen Bestreben der Eltern, die Analyse durch ihre Mithilfe zu fördern und zu beschleunigen. Zumindest die Mütter wollen fast insgesamt aktive Therapie betreiben. Es ist unendlich schwer, sie zu überzeugen, dass ihre Aufgabe auf einem anderen Felde liegt, dass sie die richtigen Helfer sind, wenn sie dem Kinde während der Behandlung das größtmögliche Ausmaß von Geduld und Duldsamkeit zuteil werden lassen« (Hug-Hellmuth, 1920, S. 24 f.).

Hug-Hellmuth fragte sich nicht, ob es möglicherweise ein berechtigtes Anliegen sei, »aktive Therapie« betreiben zu wollen. Sie reduzierte die Eltern auf den Status von Informanten, indem sie schrieb, dass es oft hilfreich sei, etwas von den Eltern über die schulische oder häusliche Situation, aber auch über die frühe Genese des Kindes zu erfahren.

> »Trotz der Schwierigkeiten, die das Verhältnis zwischen Eltern und Analytiker sich nicht so freundlich gestalten lassen, als es im Interesse des Kindes gelegen wäre, ist auf den Kontakt nicht zu verzichten. Er ist eine berechtigte Forderung des Elternhauses und für die Behandlung zweckmäßig. Denn das Kind übergeht, ohne bewußt Kritik zu üben wie der Erwachsene, rein instinktiv, was keine Gefühlsnote trägt oder was von ihm vollständig erledigt wurde. So erfahren wir in der Analyse oft nichts von den Verdrießlichkeiten daheim oder in der Schule« (Hug-Hellmuth, 1920, S. 25 f).

Sie schlägt vor, das Bedürfnis der Eltern nach aktiver Mithilfe zu befriedigen, indem man sie um die schriftliche Beantwortung von Fragen bittet – eine heute noch gängige Form der Befragung mittels Fragebogen und Anamnesegespräch. Interessant ist, und deshalb sei es am Rande erwähnt, dass sie schon in diesem vielbeachteten Vortrag bzw. Aufsatz erklärte, dass sie »die Psychoanalyse des eigenen Kindes [...] für undurchführbar halte« (Hug-Hellmuth, 1920, S. 26).

1.1.3 Vorbeugung, Aufklärung, Beeinflussung und Simultananalyse

Wenige Jahre nach diesen ersten kinderanalytischen Veröffentlichungen begann Anna Freud, sich theoretisch und praktisch intensiver mit Kinderanalyse zu beschäftigen. Anna Freud hatte als Lehrerin gearbeitet, eine Lehranalyse bei ihrem Vater gemacht und nahm ab 1918 an Psychoanalytischen Kongressen und Sitzungen teil. Sie soll auch 1920 anwesend gewesen sein, als Hermine Hug-Hellmuth ihren Vortrag zur Kinderanalyse hielt. 1923 eröffnete sie ihre eigene Praxis, in der sie sowohl Erwachsene als auch Kinder behandelte. Anna Freuds frühe Schriften zur Kinderanalyse, z. B. die grundlegende »Einführung in die Technik der Kinderanalyse« (1927), entstanden.

Anna Freud wurde ab 1927 auch bekannt durch ihre psychoanalytisch orientierte Arbeit in Schulprojekten. Erst nach der Emigration nach London und mit Beginn des Krieges entstand das wohl bekannteste Projekt aus dem Kontext der Betreuung von Kriegswaisen in den Hampstead Nurseries, die später als Hampstead Clinic weitergeführt wurden. Ab 1947 gab es dort auch Ausbildungskurse in Kinderpsychoanalyse (Sandler et al. 1980, S. 11). Eine ihrer Grundannahmen, die auch die allgemeine Lehrmeinung in Deutschland bis zu Formulierungen im Kommentar Richtlinien (2015) mitbestimmt hat, war, dass Kinderanalytiker keine der Erwachsenenanalyse identische Übertragungsbeziehung zu einem Kind aufbauen können. Sie bemerkte 1980 (Anna Freud 1987 g, S. 8), dass bei Kindern »bei einer in korrekten Grenzen durchgeführten Therapie eine Vielzahl von Übertragungserscheinungen auftreten«, dass es aber nur »äußerst selten« vorkomme, dass sich eine vollausgebildete Übertragungsneurose bilde.

> »Für den gesunden Anteil ihrer Person ist der Analytiker eine interessante neue Figur, die in ihr Leben eintritt und zu neuartigen Beziehungen anregt; für die kranke Seite ist er ein Übertragungsobjekt, an dem sich alte Beziehungen wiederholen lassen. Für die Technik bedeutet diese doppelte Einstellung des Kindes eine offenbare Schwierigkeit. Wo der Analytiker die erstere Rolle akzeptiert und sich demgemäß benimmt, stört er die Übertragung; wo er das Umgekehrte tut, enttäuscht er den Patienten in Erwartungen, die, vom kindlichen Standpunkt aus gesehen, berechtigt sind« (Anna Freud 1987e, S.2159).

Anna Freud fand es immer nachteilig, dass die kinderanalytische Arbeit durch die reale Abhängigkeit des Kindes von seinen Eltern und die Einflussnahme des Umfeldes erschwert wird.

> »Daß der Hilfe der Eltern bei der Therapie selbst eine wichtige Rolle zufällt, ist eine unumstößliche Tatsache. Hier hat der Kinderanalytiker guten Grund, die Kollegen in der Erwachsenenanalyse um die Ausschließlichkeit der Beziehung zu ihren Patienten zu beneiden« (Anna Freud, 1987e, S. 2169).

Aber sie scheute die Herausforderungen nicht, denn sie hatte z. B. erkannt, welche Auswirkungen auf das Familiensystem von den therapeutischen Veränderungen eines Kindes ausgehen können:

> »Neben den üblichen Stimmungsschwankungen während der Behandlung gibt es tiefergehende Veränderungen in den Einstellungen und Beziehungsweisen, die in das Familienleben eingepaßt werden müssen. Wenn man der Familie

nicht hilft, Mittel und Wege dafür zu finden, können gute analytische Resultate sehr oft zunichte gemacht werden« (Sandler et al., 1982, S. 261).

Sie wies damit auf die Notwendigkeit einer parallelen Entwicklung von Eltern und Kind im Hinblick auf Problembewältigung und Integration von Veränderung hin. Dennoch ist Anna Freud eher der analytisch-erzieherischen Richtung, die auch Hug-Hellmuth eingeschlagen hatte, zuzuordnen. Ihre Form der Elternarbeit war pädagogisch geprägt. Anders als Melanie Klein hat sich Anna Freud immer um eine inhaltliche Einbeziehung der Eltern bemüht, erklärtermaßen aus pädagogischen Gründen. So verlangte sie z. B. von den Eltern eine »Anpassung an die Forderungen des Analytikers« (Anna Freud 1936, S. 67 f.). Die Eltern sollten das Kind in Phasen von negativer Übertragung mit ihren Einflussmöglichkeiten in der Analyse halten.

> »Beim Kinde aber haben wir es mit lebendigen, durch die Erinnerung nicht verklärten, in der Außenwelt wirklich vorhandenen Personen (den Eltern, Anm. MLA) zu tun. Wenn wir der Arbeit von innen her hier eine äußere an die Seite stellen und nicht nur durch unseren analytischen Einfluß die schon vorhandenen Identifizierungen, sondern nebenbei noch die menschliche Bemühung und Beeinflussung, die wirklichen Objekte zu verändern versuchen, so ist die Wirkung eine durchschlagende und überraschende« (Anna Freud, 1987b, S. 74).

Sie erklärte, dass eine Behandlung, die von den Eltern nicht ausreichend gewollt sei, früher oder später scheitern müsse aufgrund der Abhängigkeit von den primären Liebesobjekten und der Bindung an sie. Sie empfahl konkret verschiedene Formen von Elternarbeit. In ihrem Aufsatz »Die kinderpsychiatrische Beratungsstelle« beschreibt sie verschiedene Formen von Elternarbeit: Die Therapie der Eltern in Simultananalyse in der Hampstead Clinic; die Unterstützung der Eltern durch Hilfe und Beratung; die Anleitung von Müttern geschädigter Kinder; die Behandlung des jungen Kindes durch die Mutter sowie die Etablierung als Autorität in der Öffentlichkeit, z. B. durch Vorträge (vgl. Anna Freud 1987c, S. 1887 ff.).

Ihre Begründungen und Maßnahmen erscheinen im Laufe der Jahre zunehmend analytisch. Sie begründete z. B. die Bedeutung der Elternarbeit u. a. mit der Verflechtung von kindlicher und mütterlicher bzw. elterlicher Pathologie, wie die beiden folgenden Zitate zeigen:

> »Die meisten Beratungsstellen kennen heute Fälle, bei denen die Pathologien von Mutter und Kind untrennbar miteinander verflochten sind. [...] In extremen Fällen ergänzen sich die Störungen von Mutter und Kind wie die Steine eines Puzzlespiels oder sind ineinander verwoben wie bei der erwachsenen folie á deux« (Anna Freud, 1987c, S. 1888).

An anderer Stelle (1987d) schreibt sie, wenn das neurotische Symptom, der Konflikt oder die Regression eines Kindes nicht nur in der eigenen Persönlichkeit verankert sei, sondern darüber hinaus durch starke affektive Kräfte von Seiten eines Elternteils unterstützt werde, könne der therapeutische Effekt der Analyse verlangsamt oder in extremen Fällen unmöglich gemacht werden:

> »Unser Material enthält Beispiele, wo dem Kind gegebene Deutungen in genau demselben Maße zur Wirkung kamen oder regressive Libidopositionen verlassen wurden, indem die Mutter entweder selbst eine fixierte pathologische Position überwunden oder, in anderen Fällen, ihren pathologischen Einfluss auf das Kind aufgegeben hatte« (Anna Freud, 1987d, S. 2062).

Sehr bedeutsam erscheint mir auch Anna Freuds Feststellung, dass die Arbeit mit den Eltern auch in Zeiten, wenn es nicht um neurotische Konfliktbearbeitung, sondern um Reifeschritte geht, von großer Wichtigkeit sein kann. Insgesamt gesehen war ihre Arbeitsweise geprägt durch ein sehr wohlwollendes und differenziertes Eingehen auf die Eltern. Es ist zu vermuten, dass Anna Freud »wahrscheinlich aus politischen Gründen (...) nur wenig über dieses Thema geschrieben« hat (von Klitzing 2005, S. 114).

Die an der Hampstead Clinic unter ihrer Leitung begonnene Tradition der Beforschung von kinderanalytischen Daten (Sandler et al., 1980) wird bis heute fortgeführt. Seit 1984 läuft die Einrichtung unter dem Namen Anna Freud Centre – aktuell unter der Leitung von Peter Fonagy. Bezüglich Eltern- und Familienarbeit wurden schon an der Hampstead Clinic verschiedene Modelle erprobt und auch heute ist das Anna Freud Centre in der Entwicklung von Theorien, Methoden und Modellen zur Elternarbeit führend (▶ Kap. 1.2.9).

Noch einmal zurück zur Historie: Anna Freud wurde in London zwar sofort zur Lehranalytikerin der Britischen Psychoanalytischen Gesellschaft ernannt, wurde aber von dem dortigen durch Melanie Klein begründeten Zweig eher feindselig betrachtet:

> »Was die Britische Psychoanalytische Gesellschaft betrifft, so wurde unser ›kontinentaler‹ Zweig der Kinderanalyse durch ihre Mitglieder nicht sehr bereitwillig aufgenommen. In der Zwischenzeit hatte Melanie Klein in Kontrast zu meinen Wiener Bemühungen einen anderen Typ der Kinderanalyse begründet und ausgebaut, der zum großen Teil auf einer neuen, unabhängigen Theorie der frühen Kinderentwicklung beruhte« (Anna Freud, 1987a, S. 5).

Die Kontroversen waren bekanntermaßen theoretischer und technischer Natur, und es ist bis heute bemerkenswert, dass die Rivalität dieser beiden großen Begründerinnen der Kinderanalyse nicht nur die Kinderanalyse sondern die gesamte Psychoanalytische Bewegung in Großbritannien zu spalten drohte. Die Differenzen wurden nach dem Tod Sigmunds Freuds im Jahre 1938 in einer Reihe von Vorträgen und Diskussionen zwischen den Anhängern der verschiedenen Richtungen innerhalb der Britischen Psychoanalytischen Gesellschaft ausgetragen und erreichten ihren Höhepunkt in den so genannten »Controversial Discussions« in den Jahren 1943 und 1944. Eine Spaltung der britischen psychoanalytischen Gesellschaft konnte mit Mühe verhindert werden, allerdings kam es in der Folge 1946 zur offiziellen Einführung von drei Ausbildungsgängen, einem annafreudianischen (B-group) und einem kleinianischen (A-group) und einem von der kleinianischen Richtung abgespaltenen unabhängigen (middle group).

1.1.4 Werben für Zurückhaltung

Melanie Klein begann ihre psychoanalytischen Behandlungen mit kleinen Kindern ebenfalls in den frühen 1920er Jahren und stellte diese 1932 in dem Buch »The Psycho-Analysis of Children« dar (Segal 1983, S. 15). Sie konzeptualisierte ihre Arbeit mit Kindern ganz anders als Hug-Hellmuth und Anna Freud. Sie war die erste Analytikerin, die eine ausschließlich psychoanalytische, jedes pädagogische Element ausschließende Arbeit mit den Kindern zu realisieren versuchte. Sie vertrat von Anfang an die Hypothese, dass Kinder eine volle Übertragungsneurose entwickeln können und stellte 1932 fest:

> »Meine Beobachtungen ergaben, dass sich auch beim Kinde eine Übertragungsneurose entwickelt, die der beim Erwachsenen analog ist, sofern nur beim Kinde eine der Erwachsenenanalyse adäquate Methode (d. h. ohne pädagogische Beeinflussung und mit voller Analyse der auf den Analytiker gerichteten negativen Regungen) zur Anwendung kommt« (Klein, 1932, S. 11 f.).

Sie blendete dabei anfangs so vollständig die Bedeutung des familiären Systems aus, dass sie sogar versuchte, ihren Sohn Erich (»Patient Fritz«) zu analysieren. Sie berichtet über diesen Versuch, als hätte sie zunächst die Mutter anleiten wollen (ähnlich wie Freud dies beim Vater des kleinen Hans geschildert hatte):

> »Mein erster Patient war ein fünfjähriger Knabe. Ich habe ihn unter dem Namen »Fritz« in einer meiner ersten Arbeiten erwähnt... Anfangs glaubte ich, dass es genügen würde, die Haltung der Mutter zu beeinflussen. Ich rege an, dass sie das Kind dazu bringen solle, die vielen unausgesprochenen Fragen, die es offenbar beschäftigten und seine intellektuelle Entwicklung behinderten, mit ihr zu besprechen. Das hatte eine gute Wirkung, aber seine neurotischen Schwierigkeiten wurden nicht genügend gemildert, so dass ich mich bald entschloss, den Knaben zu analysieren« (Klein, 1921, S. 11 f.).

Melanie Klein beobachtete die Kinder intensiv, entwickelte aus diesen Beobachtungen ihre bis heute bekannte psychoanalytische Theorie der frühen kindlichen Entwicklung des 1. Lebensjahres (Klein, 1932). Nach wie vor sind ihre technischen Empfehlungen umstritten. Sie ist bekannt für das unmittelbare Deuten der vermuteten unbewussten Phantasien, die das Kind zum Ausdruck brachte. Sie erwartete von einer solchen »Übertragungsdeutung«, dass sie sowohl in der analytischen Situation, als auch im Alltag außerhalb, wirke. Ihre Fallschilderungen sind beeindruckend. Heute ist ihre Theorie nach wie vor ein bedeutsamer Gegenstand der Fach-Diskussion (Bott-Spillius, 2002).

Zur Elternarbeit gibt es bei ihr nicht viel zu schreiben. Melanie Klein bezog die Eltern kaum ein. Im Gegenteil: Sie maß dem Kontakt mit den Eltern wenig Bedeutung zu – noch weniger als Hug-Hellmuth. Kleins Meinung nach sollte die Unterstützung der Eltern vor allem darin bestehen, die Therapie des Kindes möglichst wenig zu stören.

1.1.5 Anleitung, Einbeziehung und Wertschätzung der Eltern

Eine Weiterentwicklung der Theorie, in der besonders die Rolle der frühen Bezugspersonen für die seelische Entwicklung des Kindes untersucht wurde, stammt von dem Kinderarzt D. W. Winnicott. Als Kinderarzt hatte er Kontakt zu kleinen Kindern. Er beschrieb die frühe Beziehung zwischen Mutter und Kind als eine Situation, die auf einem guten mütterlichen Einfühlungsvermögen basiert. Insbesondere die haltende Fähigkeit der Mutter (bzw. der frühen Bezugspersonen) hielt er für bedeutsam, damit dem Säugling Sicherheit und Verlässlichkeit angesichts starker Ängste vermittelt werden kann. Bekannt ist nach wie vor das Konzept der »hinreichend guten Mutter« (Winnicott, 2006). Dieses Konzept besagt, dass der Säugling einerseits die empathische, liebevolle Zuwendung der Bezugsperson braucht, aber auch ein »gutes« Maß an Frustration, damit der Säugling in eigene Aktivität kommt und sich aus der Verschmolzenheit mit der Mutter lösen kann. Diese von ihm postulierte Gegebenheit übertrug Winnicott auf die Therapie und insbesondere den therapeutischen Rahmen:

> »Das Milieu der Analyse reproduziert die Techniken der frühen und frühesten Bemutterung. Aufgrund seiner Zuverlässigkeit lädt es zur Regression ein« (Winnicott, 1983, S 195).

Je regredierter und gestörter Patienten seien, umso mehr komme dem Rahmen Bedeutung zu, denn neben dem sicherheitsgebenden Aspekt trete auch der schmerzliche und angstauslösende Aspekt der frühen Bemutterung ins Erleben.

Winnicott pflegte einen freundlichen, respektvollen Umgang mit den Eltern seiner kleinen Patienten und sprach voller Interesse mit ihnen. Bemerkenswert im Hinblick auf die Technik der Elternarbeit ist, dass er diese Informationen der Eltern über das Familienleben in der Therapie mit dem Kind nutzte (▶ Kap. 6). Ein Dokument einer intensiven Elternarbeit ist in seinem Bericht über »Piggle« (Winnicott, 1980) zu finden.

> »Es ist für die Eltern von großem Wert gewesen, daß sie an einem Prozeß des Wachsens und der Heilung teilhaben durften. Dadurch wurde verhindert, was

nur zu oft beobachtet werden kann: Die Eltern haben das Gefühl, draußen gelassen zu werden und entwickeln deshalb Gefühle der Rivalität und Konkurrenz dem Therapeuten gegenüber; oder sie werden auf den Therapeuten oder auf das Kind neidisch bzw. ziehen sich zurück, um solche schmerzlichen Gefühle und die damit verbundene Gefahr, zu einem heimtückischen Behandlungshindernis zu werden, auszuschließen; sie treten aus dem Kräftefeld einer lebendigen Beziehung zu dem Kind heraus und übergeben es einer erfahreneren und besser unterrichteten Autorität. Auch wenn der eine oder andere Leser die Gefahr unprofessioneller Vermischung sehen mag, scheint doch gerade dies durch den Takt, das Fingerspitzengefühl und die lange Erfahrung des Therapeuten vermieden worden zu sein« (Winnicott, 1996, S. 223).

Für Winnicott war es aufgrund seiner Konzeptualisierung einer inneren und äußeren Realität des Kindes kein Widerspruch, sich einerseits den Eltern zu widmen und sich andererseits in der Behandlung mit dem Kind gemeinsam mit diesem der inneren Realität, seinen Subjekt- und Objekterfahrungen zuzuwenden. Dabei spielte sein Konzept vom Übergangsobjekt eine entscheidende Rolle. Er definierte diesen Begriff folgendermaßen:

»Natürlich ist es nicht das Objekt, das einen Übergang darstellt. Das Objekt repräsentiert den Übergang des Kindes aus einer Phase der engsten Verbundenheit mit der Mutter in eine andere, in der es mit der Mutter als einem Phänomen außerhalb seines Selbst in Beziehung steht« (Winnicott, 1979, S. 25).

Auch die Bedeutung des frühen Übergangsobjektes nutzte er für seine Konzeptualisierung des therapeutischen Raumes. Er bezeichnete die therapeutische Situation als potenziellen Raum »im Spannungsfeld zwischen dem einzelnen und der Umwelt«, in dem Patient und Therapeut sich in kreativer Weise begegnen können. Dies bietet einerseits die Möglichkeit die Erfahrungen des Patienten (spielend) reflektieren können und gibt andererseits Raum für das Erproben neuer Denk- und Handlungsalternativen.

»Ich habe versucht, die Aufmerksamkeit auf die theoretische und praktische Bedeutung eines dritten Bereiches, den des Spiels, zu lenken, der sich auf das kreative Leben und auf das gesamte menschliche Kulturleben erstreckt. Diesem dritten Bereich steht die innere, persönliche psychische Realität und die wirkliche, äußere Welt, in der der einzelne lebt und objektiv wahrnehmbar ist, gegenüber.« (Winnicott, 1979, S. 119).

Die innere Realität des Kindes in der Therapie und die äußere Realität des Lebens mit seinen Bezugspersonen sind nach Winnicott getrennt voneinander lebbar, wenngleich sie fortwährend in Wechselwirkung miteinander stehen. Er war ein Künstler darin, diese Bereiche durchlässig zu gestalten, ohne seine therapeutische Abstinenz zu verletzen. Leider konnte er diese Wechselwirkungen für das Beziehungsdreieck Patient-Eltern-Therapeut nicht mehr konkret konzeptualisieren.

Die weitere Entwicklung der Kinder- und Jugendlichenpsychotherapie war im Bereich der Elternarbeit durch eine immer stärkere Beachtung der Bedeutung der Eltern bzw. Bezugspersonen für die Störung des Kindes und auch seine Gesundung geprägt. Die therapeutische Funktion der Gespräche mit den Bezugspersonen rückte immer mehr in den Fokus und fand u. a. in der Bezeichnung »begleitende Psychotherapie der Bezugspersonen« ihren Eingang in die Richtlinienpsychotherapie in Deutschland.

1.2 Die Bedeutung der Arbeit mit den Eltern in aktuellen Konzepten der Kindertherapie

Die Beachtung der Verknüpfung der elterlichen und kindlichen Psychodynamik begann in den 1960er Jahren auf breiter Basis. Gleichzeitig wurden die Herausforderungen, die sich daraus für die begleitende Elternarbeit ergaben, nach und nach herausgearbeitet. Schon 1960 schrieb Therese Benedek einen noch immer häufig zitierten Aufsatz zum Thema »Elternschaft als Entwicklungsphase«, in welchem sie die Entwicklung der Eltern von drei Faktoren geprägt beschrieb. Zunächst einmal sei das elterliche Verhalten durch die eigenen Erfahrungen als Kind mit ihren Eltern bestimmt. Aus der gegenwärtigen Interaktion mit dem Kind entstünden dann neue Erfahrungen der Eltern, die introjiziert und als Objekt- und Selbstvorstellung verinnerlicht werden. Dies wiederum führe zu einem emotionalen Voreingestelltsein auf die Art zukünftiger Austauschprozesse mit dem Kind. Eine glückliche Erfahrung mit den eigenen Kindern stärke das Selbstwertgefühl der Eltern.

»Die unglückliche Erfahrung der Eltern mit nicht erfolgreichen Kindern unterhöhlt das Selbstgefühl und erhöht die Strenge des Überichs, womit dieses für Eltern und Kind pathogen werden kann. So kann das Kind die psychische Struktur der Eltern, die Strenge ihres Überichs mildern oder verstärken« (Benedek, 1960, S. 58).

Psychodynamische Konzeptualisierungen der Familienbeziehungen (z. B. Richter, 1963, Watzlawick et al., 2011, Stierlin, 1976, Simon, 1993) fanden eine breite Leserschaft. Es wurde erklärt, dass die Symptome von Kindern sich oft nur auflösen können, wenn die Eltern ihre eigenen Projektionen erkennen und ihre Kinder aus den zugeschriebenen Rollen entlassen können. Des Weiteren schreitet die Entwicklung der empirischen Säuglingsforschung, die Säuglings- und Kleinkindbeobachtung und die psychoanalytische Entwicklungstheorie parallel und in Wechselwirkung und Verschränkung seit den 1970er Jahren rasant voran. Die Erkenntnisse der frühen Interaktionen zwischen Bezugspersonen und Kind erweitern unser Wissen über nonverbale und implizit-kognitive Dimensionen menschlicher Interaktion grundlegend (Beebe u. Lachmann, 2004). Es hat sich durchgesetzt, nicht mehr vom »dummen Vierteljahr« sondern vom »kompetenten Säugling« zu sprechen.

Diese Erkenntnisse veränderten natürlich auch den Blick auf die psychotherapeutische Arbeit mit Kindern, Jugendlichen und jungen Erwachsenen und deren Bezugspersonen. Viele Eltern kommen mit einem veränderten Bewusstsein und stellen sich selbst mehr in Frage, manchmal sogar »zu viel«. Im Zuge dieser Bewegung erlangte das psychosoziale Umfeld von Kindern und Jugendlichen mit seinen Einflussfaktoren immer mehr Beachtung. Forschungsergebnisse zu Resilienz und Vulnerabilität (Cierpka, 1988) belegen die Wichtigkeit der Gestaltung des psychosozialen Umfeldes von Kindern und Jugendlichen, um psychische Störungen zu beeinflussen oder bereits im Vorfeld zu verhindern. In einer katamnestischen Studie zu Kinder- und Jugendlichenpsychotherapien belegten Petri und Thieme schon 1978, dass die untersuchten Therapieabbrüche von den Therapeuten zu einem hohen Prozentsatz auf elterlichen Widerstand zurückgeführt wurden. Kallenbach sieht darin auch einen Hinweis darauf, dass »die Therapeuten selbst mit ihrem Zugang zu den Eltern während einer Therapie unzufrieden waren« (Kallenbach, 2014, S. 34).

Beginnen möchte ich meine Ausführungen zu neueren Ansätzen von begleitender Psychotherapie der Bezugspersonen in chronologischer Reihenfolge mit der Arbeit von Morton Chethik (1989).

1.2.1 Ich-psychologisch orientierte Arbeit an der Elternpathologie

Eine umfangreiche, systematische Darstellung von psychodynamischer Elternarbeit hat Morton Chethik bereits 1989 in der ersten Ausgabe seines Buches »Technique in Child Therapy« gegeben. Er benennt darin vier Formen der Elternarbeit, wobei er diese Formen je nach Grad der Störung der Eltern sowie der topischen Gesichtspunkte »bewusst«, »vorbewusst« und »unbewusst« gliedert.

Die erste Form nennt er »Parent Guidance«, bzw. *Elternführung:*
Unter Elternführung versteht er eine Arbeitsweise, die vornehmlich das Bewusste adressiert. Sie kann angewendet werden, wenn Eltern eine gute Ich-Struktur haben und hinter den Zielen der Behandlung stehen. Themen dieser Form der Elternbegleitung können allgemeine Lebensschwierigkeiten der Eltern, die Differenzen zwischen ihnen im Umgang mit dem Kind oder die durch die Bindung des Kindes an den Therapeuten hervorgerufenen Konflikte sein. Darüber hinaus kann es z. B. darum gehen, den Eltern in psychoedukativer Weise ein allgemeines Verständnis von der Kindesentwicklung zu vermitteln oder ein besonderes Verständnis für das Innenleben des Kindes bei bestimmten Ereignissen nahe zu bringen.

Die zweite Form heißt »Treatment of the Parent-Child-Relationship«, bzw. *Behandlung der Eltern-Kind-Beziehung:*
Diese Form der Behandlung schlägt Chethik vor, wenn ein vertieftes inneres Verständnis für die Entflechtung der Pathologie in der Eltern-Kind-

Beziehung notwendig ist. Die Behandlung der Eltern-Kind-Beziehung ist Chethik zufolge eine Form der »Limited Insight Therapy« (begrenzte einsichtsorientierte Therapie), da dabei in fokussierter Weise die unbewusste Bedeutung des Kindes für die Eltern sowie Kindheitserinnerungen der Eltern einbezogen werden.

Die dritte Form bezeichnet er als »Transference Parenting«, bzw. *Übertragung der Elternschaft:*
Mit Übertragung der Elternschaft meint er eine zeitweise Übertragung der Elternschaft auf den Therapeuten. In dieser Zeit verstärkt der Therapeut als Hilfs-Ich die Elternfunktionen. Diese Vorgehensweise kommt nach Chethik für Eltern in Frage, die durch frühe Störungen oder durch chronische Belastungen mehr als nur Elternführung benötigen und für aufdeckende Formen zu bedürftig sind. Der Therapeut übernimmt dann laut Chethik die Funktion eines gesunden Elternteils.

Die vierte Form ist bekannt als »Treatment of the Child via the Parent«, bzw. *Behandlung des Kindes durch seine Eltern:*
Chethik sieht in dieser Form der Behandlung ein vor allem für junge Kinder und ihre Mütter geeignetes Setting, in dem die unbewusste Kommunikation zwischen beiden und die ihr zugrundeliegenden projektiven Identifikationen und Bindungen erkannt werden soll. Diese Form setzt Eltern mit guten Ich-Fähigkeiten voraus.

1.2.2 Wiedergewinnung oder Stärkung der Elternfunktion

Rose Ahlheim und Elisabeth Müller-Brühn weisen der begleitenden Psychotherapie der Bezugspersonen eine zentrale Bedeutung zu und sehen das wichtigste Ziel der Elternarbeit in der Wiedergewinnung der Elternfunktion (Ahlheim &. Müller-Brühn, 1992).

Sie schreiben, dass die Übertragungsneigung der Eltern durch den Kinder- und Jugendlichenpsychotherapeuten in der Regel nicht gefördert werden sollte, denn diese Neigung wirke »als Widerstand gegen die Arbeit an der Wiedergewinnung der Elternfunktion« (ebd. S. 482). Ziel sei es, die

1.2 Die aktuelle Bedeutung der Arbeit mit Eltern in der Kindertherapie

Blockade der elterlichen Ich-Funktionen durch die Aufdeckung ihrer unbewussten Ursachen aufzuheben. Dazu müssten die Eltern eine Vorstellung von ihrem eigenen Anteil an der gestörten Beziehung zum Kind entwickeln bzw. die Verstrickung des Kindes in die pathogenen Objektbeziehungsmuster der Vergangenheit erkennen. Wenn das gelinge, werde es den Eltern möglich, Ambivalenz besser zu ertragen, Fragen des Kindes offener begegnen zu können und ihm eine klarere Orientierung zu geben. Darüber hinaus könnten die Eltern dann mit der ständigen inneren Veränderung, die durch die schnelle Entwicklung von Kindern hervorgerufen werde, flexibler umgehen.

Werden die Eltern in einen der Entwicklungskonflikte des Kindes so stark hineingezogen, dass deren kindliche und verinnerlichte elterliche Omnipotenzphantasien, ihre idealisierte Objektbeziehung zum Kind übermäßig aktiviert werden, so leide die sichere Ausübung der Elternfunktion. Gelinge es in der Elternarbeit, diese Konfliktverwicklungen wahrzunehmen und zu benennen und »sich mit der Abwehr ihres Konfliktes zu befassen« (ebd., S. 478), könnte es den Eltern möglich werden, zwischen sich und dem Kind wieder zu unterscheiden. Die Autorinnen betonen, dass es damit nicht um die Rekonstruktion der Neurose der Eltern gehe. Vielmehr gehe es darum, durch die Aufdeckung des Zusammenhangs zwischen der unbewussten Verflechtung der aktuellen Eltern-Kind-Dynamik und der Kindheitsgeschichte der Eltern den Bezug zur Problemgeschichte des Kindes bzw. der Familie zu hinterfragen. Durch die Entflechtung der Konfliktverknüpfung zwischen damals und heute werde es auch möglich, »das elterliche Bündnis zwischen Vater und Mutter zu stärken, zur Aufrichtung eines ›sicheren Raumes‹ zwischen ihnen beizutragen«. (ebd., S 483).

Diese Ansichten bestärkt Rose Ahlheim zusammen mit Heidemarie Eickmann noch einmal in dem Aufsatz »Wirkfaktoren in der Arbeit mit den Eltern« (Ahlheim & Eickmann, 1999). Der Beachtung und Bearbeitung von Eifersucht und Neid komme neben anderen Quellen von Widerstand eine große Bedeutung zu. Sie sehen eine wesentliche Aufgabe des Therapeuten darin, sich mit der elterlichen Position identifizieren zu können und damit »so gesehen im Schnittpunkt der gegenseitigen Projektionen und Identifikationen von Eltern und Kindern« zu stehen. (ebd., S 387)

Abschließend stellen sie fest: »Die Elternarbeit hat ihren Ort am Schnittpunkt der gegenseitigen Idealisierungen, Identifikationen, Projektionen, Phantasiebildungen und unbewußten Triebwünsche von Eltern und Kindern, und von hier bezieht sie ihre Wirksamkeit« (ebd., S. 397). Diese Aussage behält auch ihre Gültigkeit im Beitrag von Rose Ahlheim zum Lehrbuch der Psychotherapie Band 5 (Ahlheim, 2007). Sie systematisiert dort die Widerstandsquellen von Bezugspersonen als Besserung beim Kind, Angst der Eltern vor Veränderung, Schamkonflikte, Eifersucht, Neid und narzisstische Bedürftigkeit der Eltern und benennt deren behandlungstechnische Herausforderungen (ebd., S. 259 ff.).

1.2.3 Schaffung eines günstigen therapeutischen Klimas

Anna und Paul Ornstein haben darauf aufmerksam gemacht, dass in der Eltern-Kind-Beziehung die ganze Bandbreite psychischer Syndrome gefunden werden kann, z.B. strukturelle Defizite, ungelöste ödipale Konflikte, narzisstische Störungen, die sich durch fehlende narzisstische Bestätigung des Kindes zeigen kann.

In ihrem bekannten Aufsatz »Elternschaft als Funktion des Erwachsenen-Selbst« beschreiben sie (1994), dass Eltern ihr Kind zur Kohäsion des eigenen Selbst oder zur Regulierung ihres Selbstwertgefühls brauchen können. Dann werden Kinder oft zum Selbst-Objekt und geben ihren Eltern die narzisstische Spiegelung, die diese als Kind entbehrten. Anna und Paul Ornstein machen darauf aufmerksam, dass bei narzisstisch gestörten Eltern deren Einbeziehung in die Therapie unabdingbar ist, weil sonst die Behandlung des Kindes wenig Aussicht auf Erfolg habe. Solange nämlich das Kind zur Stabilisierung des Selbstwertgefühls eines oder beider Elternteile benötigt wird, solange kann sich das Kind auch nicht oder nur schwerlich aus dieser Rolle befreien.

Insofern stellt die Elternarbeit für die Autoren nicht ein (im inhaltlichen Sinne) »begleitendes«, sondern ein zentrales Geschehen im therapeutischen Prozess dar. Sie plädieren für die Initiierung eines elterlichen Reifungsprozesses, durch den es den Eltern möglich wird, mit dem Kind empathisch, sicherheitsgebend und regulierend in Beziehung zu stehen.

Dieses Konzept hat eine große Bedeutung für die Elternarbeit auch bei nicht narzisstisch gestörten Eltern, weil alle Kinder am Narzissmus ihrer Eltern mehr oder weniger rühren. Die Autoren betonen, dass vor allem die Schaffung eines günstigen therapeutischen Klimas bedeutsam sei. Das ist nachvollziehbar, gilt das doch für alle Behandlungen, in denen narzisstische Problematiken eine Rolle spielen.

1.2.4 Angebot einer hilfreichen Beziehung und der Arbeit an unbewussten pathogenen Überzeugungen

In ähnlicher Weise äußert sich Naumann-Lenzen (1996), der die Bedeutung eines familiensystembezogenen Behandlungsansatzes betont, wenn er die Schaffung einer sicheren Basis bei der therapeutischen Arbeit, insbesondere der Arbeit an unbewussten pathogenen Überzeugungen (Weiss, 1993) (▶ Kap. 4) für grundlegend hält:

> »Hinsichtlich der gemeinsamen Erkundung unbewußter pathogener Überzeugungen ist die Herstellung einer sicheren, vertrauensvoll-unterstützenden Basis (›secure base‹) in der therapeutischen Beziehung von grundlegender Bedeutung – die Bindungstheorie betont dies ebenso nachdrücklich wie die Selbstpsychologie.« (Weiss, 1993, S. 254).

Diese Feststellung entspricht auch meinen Erfahrungen (Petersen; 1996, Althoff; 2009) mit einem verlässlichen, sicheren Rahmen, insbesondere auch in der begleitenden Psychotherapie der Bezugspersonen:

> »Wir müssen uns verdeutlichen, daß sowohl Eltern als auch Kinder, da sie ja bei uns um Hilfe nachsuchen, an uns die Erwartung einer Bindungs-, also einer hilfreichen Beziehung herantragen« (Naumann-Lenzen, 1996, S. 255).

1.2.5 Beachtung der Übertragungsangebote der Eltern

Auch Maria Teresa Diez Grieser betont, dass es darum gehe, die elterlichen Projektionen, Delegationen und Vereinnahmungen aufzudecken und zu bearbeiten, dies sei »v. a. wenn es sich um kleinere Kinder handelt, eine

›conditio sine qua non‹ der analytischen Arbeit mit Kindern und Jugendlichen«. (Diez Grieser, 1996, S. 243). Sie stellt fest: »je nach Alter und Art der Störung des Kindes sowie in Abhängigkeit von der Persönlichkeit der Eltern und der Eltern-Kind-Beziehung wird das Ausmaß des Einbezugs der Eltern variieren.« (ebd., S. 244). Je mehr die Eltern einbezogen seien, desto größer sei die Gefahr einer Rollenkonfusion für den Therapeuten in der Arbeit mit ihnen. Sie zeigt einige der vielfältigen Übertragungsangebote auf, die vonseiten der Eltern möglich sind und macht auf die Beachtung und eventuell notwendig werdende Begrenzung von Übertragungsangeboten aufmerksam.

In ähnlicher Weise spricht sich Viviane Green, eine Londoner Kinderanalytikerin, zwar für eine Nutzung von Übertragung und Gegenübertragung seitens der Kindertherapeuten aus, warnt aber gleichzeitig vor einer zu intensiven Arbeit mit den Eltern, die einer individuellen Therapie gleichkommen würde und an den Bedürfnissen der Kindertherapie insgesamt vorbeigehe (Green, 2000). In ihren Leitfragen zur Elternarbeit ist der Einfluss des seinerzeit in Großbritannien schon breiter rezipierten Konzepts der Mentalisierung deutlich zu finden: »1. In what way does a parent hold her child in mind? 2. What sort of child is harboured in the parent's mind?« (Green, 2000, S. 30) Nach Green werden Eltern zu Beginn einer Behandlung in ihren Einstellungen zum Kind von eigenen Motiven und Konfliktkonstellationen bestimmt, sodass ihnen die Wahrnehmung der Subjektivität ihres Kindes nur mehr oder weniger gut gelingt. Die Wahrnehmung von Übertragung und Gegenübertragung könne für den Therapeuten leitend sein, wenn er die Veränderungsmöglichkeiten der Eltern einschätzen wolle:

> »The child revealed in a parent's narrative is a complex being, spun in part from contemporary reality and in part from the parent's own internal history and accommodation to themselves. [...] Perhaps, then, the task is not just about creating a space to think about and respond to the child with the parent, but about ensuring that the space is both large and deep enough to allow for the restoration of the complexity of the child« (Green, 2000, S. 45).

Ziel der Entschlüsselung der Übertragungsangebote sei es, das ›wirkliche‹ Kind in der Psyche der Eltern zur Geltung zu bringen: »The therapist endeavours to restore the ›real‹ child in the parental mind by attempting to engage the parents in the process of empathic understanding.« (Green, 2000, S. 31).

1.2.6 Verstehen typischer Muster durch szenisches Verstehen

Windaus bezieht sich auf die analytischen Prinzipien der Re-Inszenierung und des »szenischen Verstehens« nach Argelander (1970a, 1970b), Eckstaedt und Klüwer (1980), Lorenzer (1970, 1974) und Klüwer (1983, 1995) als methodischen Fokus für einen tiefgehenden und geeigneten Zugang zur Elternarbeit (Windaus, 1999).

> »Erst durch die Wiederholung eines Interaktionsmusters und durch dessen gesicherte Verknüpfung mit der Kindheitserfahrung erweist sich im Laufe der Arbeit die den Szenen zugrundeliegende Bedeutungswahrheit, die Szene hinter der Szene. Erst durch die Reinszenierung der Vergangenheit im therapeutischen Prozeß entsteht die szenische Evidenz. So kann die zwischen dem Kindertherapeuten und den Eltern entstehende Dynamik dazu verwendet werden, den Eltern typische Muster des Wiederholungszwangs bewußt zu machen« (Windaus, 1999, S. 321).

Windaus schildert exemplarisch die heftigen Abwehrmaßnahmen, die Eltern unternehmen, wenn der Therapeut versucht, konflikthafte Anteile der Eltern bewusst zu machen. Er versteht die Heftigkeit der Abwehrmaßnahmen als Hinweis auf die Ängste und Schwierigkeiten der Eltern angesichts von Bewusstwerdung und anstehender Veränderung (Windaus, 1999). Windaus hält es für sinnvoll, ein tiefes Verständnis der persönlichen Biographien der Eltern zu erreichen. Bei aller Entflechtung und Einsicht, die möglich sei, beendeten manche Eltern, so wie die in seinem dargelegten Fall, die Elternarbeit nach einer längeren Zeit mit »Bauchschmerzen« (ebd., S. 334). Das sei nicht verwunderlich, denn »die szenische Verlebendigung des Entwertungs- und Resignationsklimas weckte aber auch viele Ängste. Insofern stellt die Arbeit des szenischen Verstehens immer eine Gratwanderung zwischen Raumsprengen und Raumhalten dar.« (ebd., S. 336).

Meine eigenen Untersuchungen (Althoff, 1999, 2007, 2009, 2017) weisen darauf hin, dass das szenische Verstehen, insbesondere angewandt auf die Rahmenhandhabung, in der Elternarbeit dazu beitragen kann, den Aspekt der Sicherheit und Tragfähigkeit der therapeutischen Beziehung einschätzen und beachten zu können. Die Entflechtung zwischen Vergangenheit und aktueller Familiensituation kann methodisch durch eine Kontextanalyse zur Auswertung von Eltern-Therapeut-Interaktionen erfolgen (► Kap. 4).

1.2.7 Berücksichtigung der Typenlehre nach C.G. Jung

Ein weiterer Ansatz der begleitenden Therapie der Bezugspersonen bezieht sich auf das Gedankengut C.G. Jungs. Lutz z.B. beschreibt die hilfreiche Wirkung der Erläuterung der Symbolik des Spiels und der Hilfestellung durch Mythen und Märchen (Lutz, 2009, S. 364ff.).

Sie bezieht auch die Jung'sche Typenlehre ein, indem sie Überlegungen zur Interaktion der Persönlichkeitsstrukturen der Eltern und des Therapeuten darstellt. Als Persönlichkeitsstrukturen oder Einstellungsweisen, die das Wesen eines Menschen bestimmen, d.h. als Funktionen, benennt Jung vier Typen: Den Denktyp, den Fühltyp, die Intuition und die Empfindung.

Lutz erläutert, dass Therapeuten bei Eltern, die »vor allem über den Verstand die Problematik eines Kindes erfassen wollen« (Denktyp), in der Gefahr geraten, entweder selbst einseitig ins Erklären der Problematik und des Prozesses zu kommen und Theorien zu vermitteln oder sich in einen (unterschwelligen) Machtkampf zu verwickeln und »nahezu mit Gewalt auf einer gefühlsbetonten Perspektive« zu beharren (Lutz, 2009, S. 376).

Demgegenüber drohen Therapeuten bei Eltern, die zu Gefühlsausbrüchen neigen (Fühltyp), »rational relativierend zu argumentieren«, was leicht dazu führen kann, dass diese Eltern sich zusätzlich verlassen und unverstanden fühlen (ebd., S. 377).

Ist die wahrnehmende Intuition leitend für Eltern, so können diese scheinbar mühelos mitschwingen, verstehen Zusammenhänge und können den Impulsen des Therapeuten folgen. Die Gefahr für Therapeuten liegt darin, dass sie sich entweder, wenn sie ähnlich strukturiert sind, in einem gemeinsamen Schwingen von den familiären Schwierigkeiten über die transgenerationale Problematik zu den weltpolitischen Fragestellungen verlieren können. Oder sie lassen sich mit einem Elternteil zu weit in die gemeinsame Konstruktion einer Psychodynamik von nicht-anwesenden Familienmitgliedern hineinziehen (ebd., S. 378f.).

Die Empfindung wird von Eltern gelebt, die tatkräftig sind und das konkrete, realitätsorientierte Sein in der Welt betonen. Therapeuten könnten sich bei diesem Typus entweder ungenügend fühlen oder den Drang entwickeln, sich rechtfertigen zu müssen bzw. auf der tatkräftigen Ebene messen zu wollen (ebd., S. 379).

Die Aufgabe des Therapeuten besteht stets darin, die vier Funktionen – unabhängig von seiner eigenen Struktur – aktivieren und angemessen balancieren zu können.

1.2.8 Hilfe zur Entwicklung von triadischer Kompetenz

»In der Geschichte der Kinderanalyse wurde die Elternarbeit oft vernachlässigt oder als notwendiges Übel angesehen, um die Eltern von einem Abbruch der Behandlung ihrer Kinder abzuhalten. Diese Haltung wird als Ausdruck einer Abwehr der Therapeuten verstanden, den Eltern als Dritten im therapeutischen Bündnis mit dem Kind einen Platz zuzugestehen.« stellt Kai von Klitzing in seinem Aufsatz »Rivalen oder Bündnispartner?« (von Klitzing, 2005) fest. Er entwickelte seine Vorstellung von der Bedeutung der Elternarbeit als Ergebnis seiner klinischen Studien von Eltern-Kind- Beziehungen (z.B. von Klitzing & Eisenhut, 2005).

Von Klitzing setzt bei den Kompetenzen der Psychotherapeuten an, indem er eine »triadische Kompetenz« der Psychotherapeuten fordert, damit sie überhaupt in der Lage sind, die Eltern bei der Entwicklung einer triadischen Elternkompetenz zu unterstützen (von Klitzing, 2005).

Mit dem Begriff triadische Konstellation ist eine »zentrale intrapsychische und interpersonelle Konstellation, die für die Gestaltung der Eltern-Kind-Beziehung und die psychoemotionale Entwicklung des Kindes einen wichtigen prädiktiven Parameter darstellt« (von Klitzing & Stadelmann 2011, S. 955), gemeint. Wenn Eltern über eine triadische Kompetenz verfügen, so sind sie damit strukturell in der Lage, auch zukünftige familiäre Beziehungen zu antizipieren und das Kind als Drittes schon auf der Ebene der Vorstellung und Phantasie in die eigene Beziehungswelt zu integrieren (ebd., S. 955).

Klitzing und Stadelmann leiten aus der Beobachtung der gesunden Eltern-Kind-Beziehung Hypothesen für entwicklungsfördernde Qualitäten von Eltern ab. Sie stellen fest, dass sich ein Zusammenhang zwischen strukturellen Elterndefiziten und der Herausbildung von kindlichen Symptomen vermuten lässt (von Klitzing & Stadelmann, 2011). Die Autoren schlagen vor, als Grundlage für die Elternarbeit im Rahmen kindertherapeutischer Behandlung, in den ersten Gesprächen mit den Eltern vor der therapeutischen Behandlung des Kindes oder Jugendlichen die »Qualität der elterlichen Objektbeziehungen« zu bestimmen. Hierbei sei oft zu beobachten, dass die Eltern sehr entfernt von »triadischen Kompetenzen« sind. Die Autoren sehen es als vordringlich an, »zur Vorbereitung einer solchen Behandlung oder zumindest zu deren Absicherung intensiv an dem Aufbau und der Entwicklung der triadischen Kompetenz der Eltern zu arbeiten« (ebd., S. 970).

Grieser (2015, 2018) stellt die verschiedenen Formen von Triangulierung dar und beschreibt insbesondere die Grundformen gestörter Triaden sowie ihre Psychodynamik.

- Eine Eltern-Kind-Dyade, die gegenüber dem Dritten geschlossen ist, bei der das Kind an einen Elternteil gebunden und der andere ausgeschlossen scheint. Grieser weist darauf hin: »Dynamisch spielt die Dominanz des einen Elternteils genauso eine Rolle wie die Frage, ob der andere Elternteil mehr dafür tun könnte, sich als Bindungsperson und Dritter ins Spiel zu bringen« (Grieser, 2024, S. 138).
- Die Verbindung zwischen zwei Polen des Dreiecks ist nicht vorhanden. Wenn das Kind mit beiden geschiedenen Eltern in Verbindung steht, die Eltern aber keinen Kontakt zueinander haben, ist die Unterbrechung zwischen den Eltern. Wenn das Kind nur Zugang zu einem Elternteil hat und dieser Elternteil für den anderen spricht, findet man die Unterbrechung zwischen dem Kind und dem anderen Elternteil.
- Das Kind befindet sich in der Position des ausgeschlossenen Dritten. Diese Position ist für alles, was die Paarebene der Eltern im Bereich

Intimität, Sexualität, Erwachsenenthemen angeht, angemessen und sogar notwendig. Jedoch wirkt es sich auf ein Kind negativ aus, wenn die Eltern nur auf sich bezogen und beschäftigt sind. Es kann sich unerwünscht und überflüssig fühlen oder mehr noch sogar Vernachlässigung, Misshandlung und eine Sündenbockrolle erfahren.
- Die Triade ist gegenüber dem Außen abgeschirmt (Festungsfamilie). »Die Familie grenzt sich gegen die Normen, Gesetze und Werte der Außenwelt ab, kooperiert nicht in üblicher Weise mit der Umgebung und kulturellen Instanzen, wie etwa Schulbehörden« (Grieser, 2024, S. 138). Zur Veranschaulichung sei die Autobiografie von Tara Westover »Befreit: Wie Bildung mir die Welt erschloss« empfohlen.

In Griesers Ausführungen (2015, 2018) sind auch konkrete Hinweise darauf zu finden, wie Triangulierungen therapeutisch genutzt werden können. Der Therapeut als Dritter bzw. die von ihm angebotene Psychotherapie als »intersubjektives Drittes« im Dreieck Eltern – Kind/Jugendlicher – Psychotherapeut können in den Blick genommen werden sowie Triangulierungen im Dreieck Eltern – Instanzen außerhalb der jeweiligen Psychotherapie – Psychotherapeut. Man denke etwa an Instanzen wie Großfamilie, Schule, Politik, Gesellschaft, mit denen Eltern in Bezug auf ihre Kinder innerlich wie handelnd beschäftigt sind.

1.2.9 Gewinnung der Eltern als Bündnispartner mit dem Ziel von Weiterentwicklung derselben

Eine Konzeptualisierung der Elternarbeit legen die Autoren Jack Novick und Kerry K. Novick, die eine Ausbildung bei Anna Freud gemacht haben, vor (Novick & Novick, 2009). Ihr Konzept ist aus der Erfahrung der eigenen Arbeit und der mit Therapeuten in Ausbildung entstanden:

> »Die Arbeit, die wir im Folgenden erläutern, war nicht Teil unserer Ausbildung, aber wir haben im Laufe der Jahre erkannt, dass viele Schwierigkeiten, mit denen wir selbst oder unsere Kollegen und Studenten zu kämpfen hatten, teilweise damit zusammenhängen, dass ein klares Modell für die klinische Arbeit mit den Eltern der Kinder und Jugendlichen, die zu uns kommen, fehlte« (Novick & Novick, 2009, S. 11).

Sie stellen fest, dass die Arbeit mit den Bezugspersonen in der Regel unter einem hohen Druck stattfindet, da die Eltern »meist erst dann Kontakt zu uns auf(nehmen), wenn bereits ein kritischer Punkt erreicht wurde. Sie sind frustriert, wütend und fühlen sich schuldig.« (Novick & Novick, 2009, S. 11). Die Autoren postulieren, dass Behandlungen mit Kindern und Jugendlichen effektiver sind, »wenn die Arbeit mit den Eltern von vornherein in die Gesamtstruktur der Behandlung integriert wird.« (ebd., S. 11).

Bezüglich einer Zielformulierung beziehen sie sich zunächst auf Anna Freud, die meinte, die Kinderanalyse solle es dem Patienten ermöglichen, an die progressive Entwicklung wiederanzuknüpfen. Sie fügen erweiternd ein zweites Ziel hinzu: »Wir wollen den Eltern helfen, die Entwicklungsphase der Elternschaft zu meistern, das heißt, den Weg der progressiven Entwicklung im Erwachsenenalter einzuschlagen, zu der die Phase der Elternschaft gehört.« (ebd., S. 34). Das therapeutische Bündnis mit den Eltern wird dafür als zentral erachtet, »weil das Bündnis als eine Art Linse hilfreich ist, die uns deutlicher zeigt, wie wir die Eltern von Kindern und Jugendlichen für die therapeutische Arbeit gewinnen können, um auch ihnen Weiterentwicklung und Veränderung zu ermöglichen (…). Das Bündnismodell erleichtert es uns, starke Widerstände der Eltern zu bearbeiten, denn durch die verschiedenen therapeutischen Bündnisaufgaben werden typische Ängste und Widerstände aktiviert.« (ebd., S. 6).

Novick und Novick formulieren als übergreifendes Kriterium im Sinne einer Zielkontrolle die »Entwicklung der Eltern vom ›geschlossenen‹ zum ›offenen‹ System der Selbstregulation« (ebd., S. 37). Damit ist konkret eine Entwicklung der Eltern gemeint von starren, die Individualität des Kindes kaum berücksichtigenden Erziehungshaltungen, hin zu einer Elternhaltung, die ambivalente Gefühlseinstellungen ermöglicht und dem Kind gegenüber kompromissbereit eingestellt ist sowie wechselseitig bereichernde Beziehungen zulässt. Auf dem Weg zu dieser Veränderung setzen sie das »gesamte theoretische und technische Repertoire« der Psychodynamik ein (ebd., S. 38). Interessant ist, dass sie eine Systematik zur Evaluation ihrer Ergebnisse in der Elternarbeit vorlegen (▶ Kap. 4). Den Hauptteil ihres Buches kann man als Manual für die verschiedenen Behandlungsphasen der Elternarbeit während einer Kinder- oder Jugendlichen-Psychotherapie ansehen. Den Manualcharakter habe ich für die Struktur der Kapitel 5–10 dieses Buches übernommen, um damit Ausbildungsteilnehmern und Berufsanfängern konkrete Hilfestellung und erfahrenen Kollegen eine klare Modellvorstellung anzubieten.

1.2.10 Förderung der Mentalisierungskompetenz der Eltern

In den letzten Jahren bekommt das Thema Mentalisierung bzw. die reflexive Funktion allgemein viel Aufmerksamkeit. In Fortführung der kognitionspsychologischen theory of mind und unter Einbezug des emotionalen Aspekts beantworteten Peter Fonagy und seine Arbeitsgruppe die Frage, wie und wann Kinder entdecken, dass sie selbst und andere Wesen mit mentalen Zuständen sind (z. B. Fonagy et al., 2006, Dornes, 2005). Die Fähigkeit, den Anderen und sich selbst als Wesen mit geistig-seelischen Zuständen zu verstehen, nennen sie Mentalisierung. Diese Fähigkeit wächst – so die Forschungsgruppe – nicht allein entlang biologisch bedingter Reifungslinien, sondern ist auch in hohem Maße von der Qualität der Primärbeziehungen abhängig.

Mentalisieren bezeichnet auch die menschliche Fähigkeit, eigene mentale Verfassungen in ursächlichen Zusammenhang mit der mentalen Verfassung anderer Personen zu bringen (vgl. Fonagy & Target, 2002). Die Mentalisierung befähigt ein Kind, die Gedanken und Gefühle anderer Menschen zu »lesen« (vgl. Fonagy & Target, 2001). Vermögen die Eltern die mentale Verfassung ihres Kindes gut genug zu erfassen, wird die Symbolisierung seiner inneren Verfassung bekräftigt, was wiederum eine bessere Affektregulierung zur Folge hat (Fonagy, 2007). Es kann zu signifikanten Entwicklungsproblemen auf Seiten des Kindes kommen, wenn die Eltern auf Grund von eigenen Schwierigkeiten bei der Affektregulation, nicht zu einer markierten Affektspiegelung in der Lage sind (vgl. Fonagy & Target, 2007, S. 375). Ebenso problematisch wirkt es sich aus, wenn die Mentalisierungsfunktionen der Eltern derart eingeschränkt sind, dass sie nicht in einer angemessenen oder passenden Weise auf den kindlichen Als-ob- und Äquivalenzmodus reagieren (ausführlicher ► Kap. 4).

Elternarbeit, die u. a. auf eine Verbesserung der Mentalisierungsarbeit der Eltern abzielt, darf insofern nicht allein und vordringlich eine psychoedukativen Haltung gegenüber Eltern einnehmen Vielmehr muss sie die Eltern in ihrem Erleben der Kinder, der Familie und ihrer eigenen Person »abholen«.

Ausgehend von diesen Forschungsergebnissen und empirisch abgesicherten Befunden gibt es eine Vielzahl von Projekten, die sich mit der Förderung der Mentalisierungsfähigkeit von Eltern befassen.

- Die meisten dieser Projekte haben ihren Ursprung im *Anna Freud Centre* in London. Da eine ausführliche Beschreibung im Rahmen dieses Buches zu weit führen würde, soll die folgende Aufzählung – ohne Anspruch auf Vollständigkeit – lediglich dazu diesen, einen groben Überblick zu geben: In dem mentalisierungsgestützten Erziehungsberatungsprojekt »Minding the Baby« werden »Mütter mit hohem Risiko« vor und nach der Geburt ihres Babys betreut (vgl. Sadler et al., 2009).
- Im Rahmen von Mentalisierungsbasierten Therapien von Kindern und Jugendlichen (MBT-A) werden regelmäßige Familien- oder Elternsitzungen durchgeführt, die die Förderung der Mentalisierungsfähigkeit der Eltern zum Ziel haben.
- In verschiedenen Settings von Familientherapie wird in Familiensitzungen oder Multifamiliengruppen die Situation bzw. die Problematik der Familie mentalisiert.
- Inge Pretorius hat im Oktober 2015 in Aachen das Eltern-Kind-Gruppen-Modell – dessen Leiterin sie ist – des Anna Freud Centres vorgestellt. Es ist das Modell einer (therapeutischen) Frühintervention, das über viele Jahre von einer Gruppe eng kooperierender Kliniker am Anna Freud Centre entwickelt wurde und insbesondere auf die Unterstützung von Kleinkindern und deren Eltern abzielt, die unter Deprivation, Trauma und Verlust leiden. Es wird ein Nachdenken über das Kind angeregt mit der Forschungsfrage: Kann eine psychoanalytische Kleinkindergruppe die mütterliche Reflexionsfähigkeit verbessern? (Zaphiriou Woods & Pretorius, 2013)
- *Reflective Parenting*, übersetzt: reflektierte und reflektierende Elternschaft ist ein neues Modell von Elternschaft, das auf der *Theorie der*

Mentalisierung und *Bindungstheorie* basiert. Dieses Modell wurde entwickelt von Alistair Cooper und Sheila Redfern und es operationalisiert die wichtigsten Prinzipien von Mentalisierung in ein Modell der reflektierten Elternschaft (Cooper & Redfern, 2016). Dieser Ansatz fokussiert auf zwei Werkzeuge, die Eltern in der Regel leicht zugänglich sind, genannt »The Parent Map and the Parent APP«. Die Arbeit ist geeignet für Eltern mit Neugeborenen, für Eltern und Kinder, die Probleme in der Handhabung ihrer Verhaltens- oder emotionalen Probleme haben oder bei Spannungen in der Eltern-Kind-Beziehung.

1.2.11 Elternarbeit mit durch Elternschaft traumatisierten Eltern

Eine besondere Herausforderung an die Mentalisierungsfähigkeit von Psychotherapeuten in kognitiver wie emotionaler Hinsicht stellt die Elternarbeit dar, wenn Eltern selbst traumatisiert sind durch ihre Elternschaft. Diese Traumatisierung kann etwa durch eine schwere psychische Störung (z. B. Schizophrenie), reale Behinderung (z. B. Downsyndrom) oder schwere Erkrankung (z. B. chronische Niereninsuffizienz) ihres Kindes entstehen. Es bedarf der Einschätzung des Psychotherapeuten, ob die Eltern durch Merkmale ihres Kind traumatisiert sind, damit diese nicht durch den Therapeuten noch weiter traumatisiert werden, sondern sich unterstützt fühlen können. Dann werden die Auswirkungen der Krankheit des Kindes nicht mit deren Ursachen verwechselt (ausführlicher ▶ Kap. 3.4).

1.3 Kapitelabschluss

1.3.1 Zusammenfassung

Im Überblick über die historischen und neueren Konzepte von Elternarbeit wurde dargelegt, dass diesem Bereich der Kinder- und Jugendlichenpsychotherapie der Stellenwert einer »conditio sine qua non« zukommt.

Die Notwendigkeit der begleitenden *therapeutischen* Arbeit mit den Bezugspersonen wurde in den Anfängen der Kinderanalyse von Hermine Hug-Hellmuth, Anna Freud und Melanie Klein vergleichsweise wenig gesehen. Mehr noch, es gab noch kein Bewusstsein für die Notwendigkeit und keine Konzepte für die Realisierung einer therapeutischen Begleitung von Eltern im Rahmen von begleitender Elternarbeit. Historisch bedingt wurden in den frühen Veröffentlichungen zur Elternarbeit zudem hauptsächlich die leiblichen, zusammenlebenden Eltern bedacht, während wir uns heute in der Mehrheit der Fälle Gedanken über von der klassischen Familienform abweichende Bezugssysteme machen müssen (z. B. alleinerziehende Eltern, Patchworkfamilien, geschiedene Eltern, Pflege- und Adoptivfamilien). Die klassischen Fragestellungen und Konzepte der begleitenden Psychotherapie der Bezugspersonen, die die Begründerinnen der Kinderanalyse einst entwickelt haben, sind trotz allem nach wie vor aktuell und fließen in die neueren Konzepte der begleitenden Psychotherapie der Bezugspersonen ein. Allerdings wurde beginnend in den 1960er Jahren die Notwendigkeit der therapeutischen Begleitung von Bezugspersonen angesichts moderner komplexer Familiensysteme erkannt und sie wird in neueren Konzepten berücksichtigt. Diese neueren Formen von therapeutischer Elternarbeit zeichnen sich auch dadurch aus, dass sie eine hohe Mentalisierungsfähigkeit und Triangulierungskompetenz des Psychotherapeuten verlangen.

1.3.2 Literatur zur vertiefenden Lektüre

Benedek, T. (1960). *Elternschaft als Entwicklungsaufgabe. Ein Beitrag zur Libidotheorie.* Jahrbuch der Psychoanalyse, 1, 35–61.
Cooper, A. & Redfern, S. (2016). *Reflective Parenting.* London, New York: Routledge.
Hug-Hellmuth, H. (1920) Zur Technik der Kinderanalyse. *Kinderanalyse 2,* 9–27 (1994).
Klein, M. (1932). *Die Psychoanalyse des Kindes.* In M. Klein: Gesammelte Schriften, Bd. 2. Stuttgart-Bad Cannstatt: frommann-holzboog (1997).
Rudolf, G. & Horn, H. (2016). Psychotherapie bei Kindern und Jugendlichen. In G. Rudolf & U. Rüger (Hrsg.). *Psychotherapie in sozialer Verantwortung. Annemarie Dührssen und die Entwicklung der Psychotherapie* (S. 40–46). Stuttgart: Schattauer.
Sandler, J., Kennedy, H. & Tyson, R. L. (1982). *Kinderanalyse. Gespräche mit Anna Freud.* Frankfurt am Main: Fischer. (Originalarbeit erschienen 1980).
Von Klitzing, K. & Stadelmann, S. (2011). Das Kind in der triadischen Beziehungswelt. *Psyche; 65,* 953–971.

1.3.3 Weiterführende Fragen

- Wie wichtig sind die Eltern heute als Informationsquelle in der Psychotherapie mit Kindern, Jugendlichen und jungen Erwachsenen?
- Welche Bedeutung kommt der Psychoedukation und Anleitung der Eltern zu?
- Welchen Stellenwert hat die Arbeit über die Eltern bzw. haben die Eltern als »Co-Therapeuten«?
- Mit welchen zusätzlichen Herausforderungen gegenüber der Situation vor 50–100 Jahren sehen sich Psychotherapeuten heute in der begleitenden therapeutischen Arbeit mit Bezugspersonen konfrontiert?

2   Die Motivation des Therapeuten für die therapeutische Arbeit mit Bezugspersonen

> Untersucht wird, welche typischen eigenen Widerstände Therapeuten in der Elternarbeit zu überwinden haben und welche Chancen sich mit deren Bewusstmachung ergeben. Therapeuten, die mit Kindern, Jugendlichen und jungen Erwachsenen arbeiten, haben sich (unbewusst) auch dafür entschieden, einen wesentlichen Teil ihrer Arbeit Erwachsenen zu widmen, die als Eltern, Pflegeeltern, Adoptiveltern, Erzieher, Betreuer, Lehrer etc. zu ihnen kommen. Welche Motive sind maßgeblich dafür, dass Therapeuten gern mit Bezugspersonen arbeiten bzw. wie können Motivation, Neugier und Interesse für diese Arbeit geweckt werden? Es werden u. a. verschiedene Übertragungs- und Gegenübertragungsphänomene betrachtet.

Obwohl nun schon seit mindestens 25 Jahren festgestellt und beklagt wird, dass es so wenig Literatur zum Thema gebe und dieser Bereich in Theorie und Praxis vernachlässigt werde, gilt nach wie vor: »Die Frage der Elternarbeit in der Kinderanalyse und -therapie war Gegenstand einer Kontroverse und spielt trotz lebhafter Diskussionen in der Literatur keine oder nur eine nebensächliche Rolle.« (Hirshfeld, 2001, S. 7, zitiert nach Novick & Novick, 2009). Ich werde mögliche Ursachen für den aktuellen Mangel an Engagement aufzeigen, daraus Lösungsansätze ableiten und möchte gleichzeitig zu einer weiterführenden Auseinandersetzung mit dieser vielschichtigen Thematik anregen.

2.1 Widerstände gegen die Arbeit mit Bezugspersonen

In der heutigen Debatte innerhalb der psychodynamischen Kinder- und Jugendlichenpsychotherapie spielen m. E. historische und berufspolitische Gründe immer weniger eine Rolle bzw. können nicht mehr als Rechtfertigung dienen. Die Kinder- und Jugendlichenpsychotherapie ist zu einem eigenen anerkannten Gebiet geworden und der Nachweis, dass die Kinderanalyse den gleichen Grundsätzen wie die Erwachsenenanalyse folgen könne, wird immer unwichtiger angesichts der quantitativen Bedeutung der analytischen Therapie in der Gesamtversorgung der Bevölkerung und der Tatsache, dass diese Frage im Bereich der tiefenpsychologisch fundierten Psychotherapie gar nicht gestellt wird. Dennoch beobachte ich, dass auch bei jungen Kollegen in der Ausbildung oder in den ersten Jahren ihrer Berufstätigkeit die Elternarbeit wider besseres Wissen vernachlässigt oder vergessen wird, oft mit einem schlechten Gewissen. Insofern halte ich es für dringend erforderlich, den Widerstandsphänomenen gegenüber der Elternarbeit nachzugehen und umgekehrt zu überlegen, welche positiven Motivationen für diese Arbeit geweckt werden können.

2.1.1 Sozial-historische Ursachen

Novick und Novick sehen als einen Grund für die Vernachlässigung der Elternarbeit in der Literatur die Rolle der Frauen Ende des 19./Anfang des 20. Jahrhunderts (Novick & Novick, 2009). »Frauen wurden idealisiert, aber zur gleichen Zeit jeglicher öffentlicher Macht einschließlich sexueller Macht, beraubt« (ebd., S. 13). Dies habe sich auch in den Arbeiten Sigmund Freuds gezeigt. In der Darstellung des »kleinen Hans« habe Freud nichts als Lob für die Mutter des Jungen geäußert, obwohl diese doch dem Jungen ständig gedroht habe, dass er kastriert werde, wenn er weiter masturbiere (Freud, 1909). Für Freud habe die Mutter aber nur eine Rolle als Objekt des Begehrens gehabt, erst die Drohung des Vaters lasse den Ödipuskomplex entstehen. Die Rolle der präödipalen Mutter wurde verleugnet, und sie scheint – trotz moderner Theorierevision – nach wie vor in der klinischen Praxis im Umgang mit den realen Müttern und Vätern nicht so gern »zum Leben erweckt zu werden«, und zwar von allen Beteiligten (▶ Kap. 2.1.4).

2.1.2 Theoretische Ursachen

Gleichzeitig ist bekannt, dass es Jahrzehnte brauchte, bis die Veränderung des Fokus von der äußeren zur inneren Realität integriert werden konnte, die Sigmund Freud ab 1897 in seinen Briefen an Fließ erwähnte (Freud, 1999, Veröffentlichung der Briefe durch Jeffrey Moussaieff Masson/Bearbeitung Michael Schröder) und erst 1906 in »Meine Ansichten über die Rolle der Sexualität in der Ätiologie der Neurosen« veröffentlichte (Freud, 1906). Mit diesem Fokus wurde auch der Einfluss der realen Eltern in der Ätiologie der Neurosen zugunsten der intrapsychischen Wünsche und Bedürfnisse zurückgedrängt. Die Hinwendung zur inneren Welt lenkte auch die Konzeptualisierungen der psychoanalytischen Entwicklungstheorie in diese Richtung. Das war m. E. nicht falsch, aber wurde einseitig gehandhabt. Es wurden die von Umwelteinflüssen relativ unabhängigen, endogenen, sich entfaltenden psychosexuellen Phasen betont. Die weitgehende Verleugnung des Einflusses der Eltern wurde insofern von der Theoriebildung begünstigt. Allerdings möchte ich betonen, dass diese Einseitigkeit nicht von Freud selbst ausging. Er versuchte immer, frühere Vorstellungen in neuere Ideen zu integrieren. Die Einseitigkeit wurde eher durch seine Schüler und Nachfolger praktiziert. Deshalb kann man feststellen: »Sie benutzten die Veränderungen in der Theorie, um zu rechtfertigen, dass sie die Rolle der Eltern in der Behandlung von Kindern ignorierten.« (Novick & Novick, 2009).

2.1.3 Berufspolitische Ursachen

Die Pionierinnen der Kinderanalyse wollten immer mehr oder weniger stark beweisen, dass auf die Kinderanalyse die gleichen Grundsätze angewendet werden können wie bei der Behandlung Erwachsener (▶ Kap. 1). Melanie Klein war am konsequentesten in ihren Beweisversuchen, während Hermine Hug-Hellmuth und Anna Freud sich zumindest der Problematik bewusst waren.

Würde die psychodynamische Arbeit mit den Eltern als fokussierte therapeutische Arbeit anerkannt und die Interaktion zwischen dem Therapeuten und den Eltern detailliert beschrieben, könnte befürchtet werden, »dass solche Interaktionen und der von ihnen ausgehende Einfluss der Idealisierung des analytischen Prozesses erwachsener Patienten Abbruch tut,«, vermutete Rosenbaum (Rosenbaum, 2005, S. 125).

Die nach wie vor bestehende Vernachlässigung der Vermittlung von Konzepten und Methoden der begleitenden Psychotherapie der Bezugspersonen in der Ausbildung ließe sich also u. a. darauf zurückzuführen, dass die Elternarbeit als »Psychotherapie zweiter Klasse« (Chethik, 1989, S. 239), in der es keine besonderen Kompetenzen brauche, oder als »eine minderwertige Form der Berufstätigkeit« (Anna Freud, 1987f, S. 2559) gesehen werde. Die Tatsache, dass bislang die überwiegende Mehrheit der mit Kindern, Jugendlichen und jungen Erwachsenen sowie deren Eltern therapeutisch Arbeitenden aus pädagogischen Berufen kam, hat diese Sichtweise noch befördert. Und so bleibt der Kreislauf aktiv, dass es wenig konzeptionelle Ausarbeitungen zur Elternarbeit gibt, ausreichende Curricula zur Elternarbeit in den Ausbildungen fehlen, Kollegen sich unsicher fühlen und deshalb Elternarbeit in der Praxis vernachlässigen.

2.1.4 Psychodynamische Ursachen

Allerdings sind die äußeren Faktoren nicht die alleinigen Quellen des Widerstands, möglicherweise sind sie noch nicht einmal die entscheidenden. Für letzteres spricht, dass der Widerstand sich fortsetzt, obwohl viele äußere Faktoren sich verändert bzw. abgeschwächt haben. Z. B. wird mittlerweile der Frau als Mutter eine entscheidende Rolle in der Entwicklung von Kindern zugesprochen. Hat sich die Theoriebildung in der neueren psychodynamischen Psychotherapie den Milieufaktoren (manchmal schon fast zu) stark zugewandt, gibt es einige, wenn auch nicht viele, theoretische Arbeiten zur begleitenden Psychotherapie. Zudem ist der Beruf des Kinder- und Jugendlichenpsychotherapeuten als Heilberuf anerkannt. Es macht also einen Sinn, sich für die unbewussten

Gründe zu interessieren, weshalb die klassische Erwachsenenanalyse bzw. psychodynamische Erwachsenentherapie weiterhin als Modell gefeiert wird, dem es nachzueifern gilt und warum die therapeutische Elternarbeit – obwohl in ihrer Bedeutung gesehen – immer noch nicht ausreichend in Literatur, Ausbildung und Praxis berücksichtigt wird.

Das Bedürfnis, die bessere Mutter, der bessere Vater zu sein

Erna Furman war eine österreichisch-amerikanische Kinderanalytikerin, die ihre Ausbildung bei Anna Freud gemacht hatte. Sie hat zum Verständnis von Mutter-Kind-Beziehungen eine Reihe von vielbeachteten Veröffentlichungen in den 70er, 80er und 90er Jahren geschrieben, in denen sie sich auch mit den Widerständen auseinandergesetzt hat, die es Therapeuten schwer machen, sich mit Themen der frühen Mutter-Kind-Dynamik auseinanderzusetzen bzw. die eine Aufnahme der Elternarbeit in das normale therapeutische Repertoire erschweren. Die Vernachlässigung der Elternarbeit bzw. die defensiven Reaktionen auf die reale Mutter und die realen Eltern sei u. a. auf das (unbewusste) Bedürfnis des Kinderanalytikers zurückzuführen, die Mutter bzw. die bessere Mutter zu sein (Furman, 1995, 1996, 1997). Daraus ergibt sich zwangsläufig eine reservierte, möglicherweise auch unbewusst schuldgefühlsbelastete Einstellung gegenüber den Eltern.

Die Abwehr von Hilflosigkeit

Zudem gibt es in der Arbeit mit Kindern und Jugendlichen eine zwar verständliche aber gefährliche Tendenz, in Rettungsphantasien das Kind betreffend abzugleiten oder schlimmer noch sich darin zu verlieren. Ich meine hier die Fälle, in denen es nicht um eine akute Kindeswohlgefährdung geht. Rettungsphantasien basieren bewusst auf der Überzeugung, das elterliche Milieu oder die Eltern seien nicht gut genug für das Kind oder den Jugendlichen, und es gäbe eine bessere Alternative. Grundlage dieser Überzeugung sind oft feindselige omnipotente Phantasien gegenüber den Eltern. Sie dienen in der Regel der Abwehr von unbewusst erlebter Hilflosigkeit und Ohnmacht des Therapeuten.

Diese Tendenz ist laut Novick und Novick noch ausgeprägter bei Erwachsenenanalytikern zu verzeichnen, die auch Jugendliche behandeln, die aber nicht in der Kinder- und Jugendlichenpsychotherapie, sondern ausschließlich in der Erwachsenenpsychotherapie ausgebildet sind (Novick & Novick, 2009). Als Beleg führen Novick und Novick die Arbeit von Masterson und Rinsley (Rinsley, 1981) an: »Ihre »Elternarbeit« lief darauf hinaus, den Jugendlichen aus der dysfunktionalen Familie herauszunehmen und ihm in einem stationären Setting oder einer betreuten Wohngruppe eine »angemessene Nacherziehung« (Novick & Novick, 2009, S. 261) angedeihen zu lassen. Die Art und Weise, wie diese Autoren Mahlers Arbeit über Separation und Individuation umsetzten, schloss die Eltern im Grunde von der Behandlung aus. Diese Praxis hat eine ganze Generation von Jugendlichenpsychotherapeuten nachhaltig geprägt; in die psychoanalytische Theorie ist sie als Grundannahme einer normativen Distanzierung zwischen Adoleszenten und ihren Eltern eingegangen.« (Novick & Novick 2009, S. 6).

Defensive Zurückhaltung

In der Elternarbeit haben es Kinder- und Jugendlichenpsychotherapeuten mit intensiven Gegenübertragungsgefühlen zu tun. Diese Gefühle und ihre Intensität müssen in der Ausbildung, insbesondere im Rahmen der Supervision, betrachtet und bearbeitet werden. Wenn diese Möglichkeit der Auseinandersetzung nicht gegeben oder geschaffen wird, wird die Tatsache verleugnet, dass die psychotherapeutische Arbeit mit den Eltern höchste Anforderungen stellt. Die Ausbildungsteilnehmer bleiben letztlich allein mit diesen unbewältigten Gegenübertragungsreaktionen und legen sich eine Haltung defensiver Zurückhaltung zu.

Gefühl von Angegriffenwerden

Eltern kommen mit dem Anliegen zum Kindertherapeuten, ihm ihr Kind anzuvertrauen. In der Folge beggenen sie dem Therapeuten von Beginn an kritisch prüfend. Sie wollen nicht vorschnell vertrauen, denn sie möchten ihr Kind schützen. Diese kritisch-misstrauische Haltung müssen Kindertherapeuten einordnen können, um sich nicht zu sehr angegriffen zu fühlen und um zuallererst eine Basis von Vertrauen aufzubauen.

Abwehr primitiver Wünsche und Ängste

Um sich in die Eltern und meist vor allem die Mütter einfühlen zu können, muss sich der Psychotherapeut, der mit Kindern und Jugendlichen arbeitet, seiner eigenen unbewussten primitiven Ängste und Wünsche und seiner aktiven und reaktiven Wut auf die frühe Mutter (und den Vater; Anmerkung d. Autorin) bewusst werden (vgl. Furman, 1997). Diejenigen, die mit kleinen Kindern arbeiten, sind besonders anfällig dafür, auf die frühe Mutter unbewusst zu reagieren und diese abzuwehren. Dessen sollte man sich m.E. bewusst sein, bevor man intensiv mit Eltern zu arbeiten beginnt, um nicht Gefahr zu laufen, an den eigenen Abwehrbedürfnissen zu scheitern.

Geschieht dieser Bewusstseinsprozess nicht, so scheint es in der klinischen Praxis im Umgang mit den realen Müttern und Vätern kaum aushaltbar, d.h. kaum möglich zu sein, den Anforderungen entsprechen zu können. Die Anforderungen sind vorhanden für den Therapeuten und die Bezugspersonen, möglicherweise aufgrund der unbewusst erlebten Gefährlichkeit der inneren Objektrepräsentanzen der eigenen Mutter (des Therapeuten), der aktuellen Mutterübertragung, der eigenen Mütterlichkeit, der Mütterlichkeit der Patienten-Mutter und analog aufgrund dieser Situation den inneren und realen Vater betreffend. Der Therapeut sollte diese Anforderungen ausreichend meistern können, um den Eltern hilfreich zur Seite stehen zu können.

Persönliche Widerstände und Übertragungen

Jeder noch so erfahrene Kliniker kennt die unbehaglichen Gefühle: »Der eigentliche Widerstand aber resultiert zweifellos aus den tiefen und intensiven Gegenübertragungen auf die Eltern, die jedem von uns zu schaffen machen. Deshalb nehmen wir in uns selbst häufig eine defensive und vermeidende Haltung wahr, fühlen uns unbehaglich, eingeengt usw., wenn wir unser eigenes Modell umzusetzen versuchen.« (Novick & Novick 2009, S. 28).

Neben den allgemeinen Widerständen und Gegenübertragungen gibt es noch die Ebene der persönlichen Widerstände und Übertragungen auf die Eltern. Hier einige Beispiele:

- Therapeuten, deren Eltern narzisstische Züge haben, können auf Patienten-Eltern mit übergroßer Anstrengungsbereitschaft reagieren. Sie haben verinnerlicht, dass man sich für ein wenig Aufmerksamkeit und Liebe schon sehr anstrengen muss. Wenn sie diese Dynamik nicht erkennen und gegensteuern können, werden sie – entsprechend ihrer eigenen Erfahrung als Kinder – keine andere Möglichkeit haben als diesen impliziten Überzeugungen zu folgen. Sie werden sich möglicherweise darin verausgaben, von den Patienten-Eltern Lob und Anerkennung zu bekommen und werden manipulierbar sein.
- Ebenso verhält es sich mit der Übertragung in einem Elternteil oder den Eltern der Patienten die eigenen depressiven Eltern zu sehen, denen unbedingt geholfen werden muss. Es entsteht eine aufopferungsvolle, sich selbst überfordernde Haltung aus dem kindlichen Wunsch heraus, helfen zu wollen.
- Der Therapeut mit großen narzisstischen Bedürfnissen wird den Eltern überlegen sein und ihnen ihre Defizite vor Augen führen wollen. Es ist möglicherweise ein unbewusster Rachewunsch dynamisch wirksam. Dieser Rachewunsch könnte gar nicht so selten sein, wenn man sich das von Willi beschriebene Phänomen vergegenwärtigt, die Angehörigen als »übertragungsmäßiges Freiwild« zu behandeln (Willi, 1975, S. 253). Willi meint damit eine oft unerkannte Missbrauchsfacette der therapeutischen Zweiersituation, nämlich die *Kollusion* gegenüber Dritten. Der Therapeut verschiebt dabei z. B. die in seiner Gegenübertragung entstandenen negativen Reaktionen und Aggressionen auf die Angehörigen. »Die Angehörigen werden ... als übertragungsmäßiges Freiwild gehalten. Man darf sie beliebig abschießen. Es schmeichelt manchem Therapeuten, sich den Angehörigen gegenüber als überlegen, mutig, stark und erfolgreich zu fühlen« (Willi, 1975, S. 253). Willi sieht in dieser Dreieckskonstellation eine späte Rache für frühe ödipale Kränkungen.

- Ähnlich verhält es sich mit der unbewussten Motivation, Eltern als Verlierer vorführen zu wollen und sich damit an ihnen zu rächen.
- Eine schwer zu überwindende Form der Übertragung auf Eltern ergibt sich daraus, wenn Therapeuten selbst durch Gewalt oder Missbrauch von nahen Bezugspersonen traumatisiert wurden. In diesem Fall kann es leicht dazu kommen, dass die Patienten-Eltern (unbewusst) als Täter erscheinen und Angst und Ohnmacht oder Wut unangemessen schnell und oft beim Therapeuten ausgelöst wird.
- Eine weitere Variante der schwierigen Übertragungsgefühle kann darin bestehen, dass der Therapeut fühlt, dass durch die Therapie sowohl Eltern als auch das Kind und langfristig auch die Eltern-Kind-Beziehung befriedigend oder erfüllend werden kann in einer Form, wie er es selbst nie erleben durfte. In diesem Fall können Neid auf die Eltern und Eifersucht dem Kind gegenüber ihn unbewusst dazu bringen, nicht mehr so effektiv wie möglich zu arbeiten.
- Eine weitere Gefahrenquelle für Neid kann sich auftun, wenn es dem Psychotherapeuten gelingt, die Eltern, die sich z. B. in Erziehungsfragen unversöhnlich gegenüberstanden, zu einer dauerhaften gemeinsamen Reflexion und Harmonisierung ihres Familienlebens anzuregen. Hat der Psychotherapeut selbst dies weder in seiner Ursprungsfamilie noch in seinem eigenen Erwachsenenleben erlebt, kann Neid entstehen. In gleicher Weise können sich Neid und depressive Gefühle beim Therapeuten einstellen, wenn es diesem gelingt, einen »verloren« geglaubten Elternteil wieder in den Kontakt zu holen.
- Manchmal fühlen sich Therapeuten, die sich für Kinder- und Jugendlichenpsychotherapie interessieren, selbst noch kindlich. Dies ist per se nicht negativ, denn das Kindliche in sich selbst aktivieren zu können, ist eine große Stärke. Das Spielerische ist mit dem Kreativen verwandt und führt z. B. zu inspirierenden Zukunftsvorstellungen. Ungünstige Folgen entstehen nur dann, wenn sich der Therapeut den Eltern nicht gewachsen fühlt und sich stattdessen in der Arbeit mit ihnen in einer Identifikation mit dem Kind befindet bzw. sich selbst dauerhaft noch klein fühlt.
- Eine mögliche Abwehr dieser individuellen Kleinheitsgefühle kann darin bestehen, die therapeutische Arbeit mit den Eltern der Kinder, Jugendlichen und jungen Erwachsenen rationalisierend zu vernach-

lässigen, weil sie ihre eigenen Möglichkeiten und Fähigkeiten unterschätzen bzw. nicht entwickeln und die Effizienz einer psychoanalytischen Behandlung der Eltern (bezogen auf das Kind und die Familie) überschätzen oder idealisieren. Dann wäre es – wählt man eine bewusst extreme Formulierung – so, dass der Kinder- und Jugendlichenpsychotherapeut seine Hilflosigkeit auf die Erwachsenenpsychotherapie verschiebt und sich dadurch hilfreich und großartig fühlt.

2.1.5 Wie kann sich angesichts dieser Widerstände, Gegenübertragungen und Übertragungen die Motivation für eine tiefgehende und intensive Elternarbeit zu einer entsprechenden Praxis entwickeln?

Extrinsische Motivation ist zwar hilfreich und insofern sei hier der allgemeine Hinweis auf bessere und nachhaltigere Therapieergebnisse bei intensiver Elternarbeit noch einmal platziert, aber die Realität der klinischen Versorgung weist darauf hin, dass extrinsische Motivation allein keine Veränderung bei den Theoretikern und Praktikern bringen wird. Insofern ist zu fragen, welche intrinsische Motivation aufgebaut werden könnte, welche positiven Tätigkeitsanreize durch neue Herausforderungen und Erkenntnisse geschaffen werden könnten. Auf dem Weg von der Motivation zum Handeln gibt es zwei wichtige Übergänge: Der erste Übergang ist der von der Motivation zur Intention und der zweite Übergang ist der von der Intention, d. h. dem Planen, zum Handeln. Den entscheidenden neuen Schritt sehe ich in der ersten Phase: Wie kommen Therapeuten von der Motivation zu einer festen Absicht für Elternarbeit?

Vorab sei erwähnt, dass es einen kleinen »Überwindungstrick« für den zweiten Übergang gibt, den man unbedingt beherzigen sollte, um »den Rubikon überqueren« zu können. Verabredet man sich regelmäßig mit den Eltern und vereinbart dies schon in der probatorischen Phase, kann man sozusagen »nicht mehr hinter das zurück«, was man selbst gesagt hat, ohne an Glaubwürdigkeit einzubüßen. Die Abwägephase (des zweiten Übergangs) wird folglich eliminiert – es ist nun nicht mehr notwendig alle paar Wochen zu überlegen, ob ein weiteres Gespräch mit den Bezugspersonen vereinbart werden sollte oder nicht (▶ Kap. 6).

2.2 Von der Motivation zur Intention für Elternarbeit

2.2.1 Psychodynamische Voraussetzungen

Um eine dauerhafte Intention für erfolgreiche Elternarbeit entwickeln zu können, sollte der Therapeut sich in seiner Selbsterfahrung mit den eigenen Eltern und ggf. der eigenen Elternschaft auseinandergesetzt haben sowie eigene *Autonomie- und Abhängigkeits-Konflikte* und *Ablösungskonflikte* durchgearbeitet haben.

Autonomie-Abhängigkeits-Konflikte von Kindern, Jugendlichen und jungen Erwachsenen hat man m. E. nicht verstanden, wenn man diese einseitig zur Autonomie anhält. Autonomie ist meist nicht das Problem, vielmehr kann oftmals gesunde Abhängigkeit nicht gelebt werden. Gefühle des Angewiesenseins, mehr noch des Ausgeliefertseins, Gefangenseins und Gefesseltseins können dann nicht ausgehalten und verarbeitet werden. Diese müssen auch vom Therapeuten bewältigt sein und ausgehalten werden können.

Fallbeispiel

Ein Pflegekind bewahrt man nicht dadurch, dass man es fernhält vom schwierigen Milieu seiner leiblichen Eltern. Das Fernhalten begünstigt Spaltungsprozesse. Spätestens in der Pubertät findet das Pflegekind oft einen Freund oder eine Freundin nach dem Muster der leiblichen Eltern, wenn diese Prozesse nicht bedacht werden.

Fallbeispiel

Eine junge Studentin studiert an einer Universität in ihrer Heimatstadt. Sie wohnt nicht mehr zu Hause. Sie fühlt sich vollkommen selbstständig und autonom, und ihre Eltern erleben sie auch so. Es ist meist hilfreich, wenn alle Beteiligten anerkennen können, dass sie aber auch abhängig ist. Eine gesunde Abhängigkeit kann sich z.b. in Aspekten zeigen, die nicht negativ zu bewerten sind: Finanziell ist sie vollständig von ihren Eltern abhängig und muss für größere Ausgaben um Erlaubnis bitten. Die Eltern haben ihre Studienwahl beeinflusst und kommentieren nach wie vor ihre Studienleistungen und ihr Vorankommen. Sie interessieren sich für die Kommilitonen, mit denen ihre Tochter Zeit verbringt und welche Veranstaltungen sie besucht. Sie fragen danach, wann sie zu Besuch kommt. Es ist hilfreich, wenn sowohl die junge Studentin als auch ihre Eltern den Konflikt zwischen dem Wunsch nach Unabhängigkeit und dem Wunsch einer phasenangemessenen Abhängigkeit erkennen und ertragen können.

Darüber hinaus braucht ein Therapeut, der mit Kindern, Jugendlichen und deren Eltern arbeiten will, *triadische Kompetenz*, weil die Arbeit immer in einem komplexen Bezugssystem stattfindet.

2.2.2 Entwicklung der eigenen triadischen Kompetenz

Was versteht man unter triadischer Kompetenz und wie kann sie sich entwickeln?

Neben dem Phasenmodell der Entwicklung nach Mahler (1975) und dem Konzept der frühen Triangulierung um den 18. Lebensmonat herum nach Abelin (1975, 1986), gibt es Überlegungen aus der empirischen Säuglingsforschung, dass triadische Strukturen schon von Geburt an bestehen. Z.B. geht die Forschungsgruppe um Kai von Klitzing davon aus, dass die Triade als die primäre Beziehungsform angesehen werden kann, in die das Kind hineingeboren wird (vgl. etwa von Kitzing, 1999a, 1999b). Bereits mit vier Monaten sei die Fähigkeit des Kindes zu beobachten, in eine Drei-Personen-Beziehung eintreten und diese eigenständig mitgestalten zu können.

»Als triadische Kompetenz (= Kompetenz, triadische Beziehungen zu gestalten) im Kontext der Elternschaft wird die Fähigkeit von Vätern und Müttern bezeichnet, ihre (zukünftigen) familialen Beziehungen zu antizipieren und zu konzeptualisieren – d. h. das Kind als Drittes bereits auf der Ebene der Vorstellung in die eigene Beziehungswelt zu integrieren –, ohne sich selbst oder den Partner aus der Beziehung zum Kind auszuschließen.« (von Klitzing & Stadelmann, 2011, S. 953).

Dammasch weist darauf hin, dass »eine beobachtbare frühe Fähigkeit zu trilogischen Interaktionen« (Dammasch, 2000, S. 54) noch nicht automatisch zur Folge habe, dass die unreifen triadischen Beziehungsmuster des Kindes später in Belastungssituationen Bestand hätten.

Die Befunde der Forscher bestätigen, dass gute triadische Kompetenzen der Eltern eine günstige Voraussetzung für die späteren triadischen Fähigkeiten des Kindes darstellen. Z. B. erwiesen sich die im Triadeninterview während der Schwangerschaft mit den Eltern erfassten triadischen Kompetenzen für einige wesentliche Entwicklungsaspekte beim Kind bis ins Schulalter als prädiktiv. Nach von Klitzing ist zu vermuten, dass sich das durch die hohe triadische Kompetenz der Eltern geprägte günstige Familienklima auswirkt darauf, dass die Kinder reichhaltige und flexible Beziehungserfahrungen machen können und vermutlich auch im Dialog mit beiden Eltern mehr gefördert werden (von Klitzing, 2002).

Man kann davon ausgehen, dass durch eine hohe triadische Kompetenz auch die Fähigkeit, psychische Vorgänge als solche wahrzunehmen, sie gestalten zu können und auch eine Vorstellung vom Erleben des Gegenübers zu entwickeln, kurz die *Mentalisierungsfähigkeit* von Kindern gefördert wird (▶ Kap. 2.2.3).

Durch ihre hohe Bedeutung für die Beziehungserfahrungen und -möglichkeiten eines Kindes oder Jugendlichen spielt die triadische Kompetenz natürlich auch in der Psychotherapie eine große Rolle. Im psychodynamisch-psychotherapeutischen Kontext der Übertragungs- und Gegenübertragungsbeziehung soll dem Kind ein triadischer Raum eröffnet werden, in dem das Symbol als Drittes in Form von Spiel, Narrativ oder Sprache zur Bewältigung von intrapsychischen und interpersonellen Anforderungen wesentlich beitragen soll. Wenn ein Therapeut mit einem

Kind arbeitet, muss er sich einfühlen und sich zeitweise auch mit ihm identifizieren. Gleichzeitig darf der Therapeut nicht vergessen, dass das Kind auch seine Bezugspersonen hat. Wenn er nun dauerhaft die Phantasie entwirft, dass er selbst die bessere Elternfigur wäre und damit den realen Eltern keine Chance lässt bzw. sie von Vorneherein ausschließt, ist das Bündnis mit den Eltern und damit die Therapie meist zum Scheitern verurteilt. Daraus leitet sich ab, dass die Problematik und die Chance von triadischen Beziehungen in der realen und der inneren Beziehungswelt des Alltags und der Therapie zum Gegenstand der Ausbildung von Therapeuten gemacht werden sollten. Insbesondere gilt das auch für den inneren Einbezug eines real abwesenden Elternteils, oft des Vaters, in die Entwicklungs- und die therapeutischen Prozesse. Es geht dann darum, welches innere Bild der anwesende vom abwesenden Elternteil hat und welches Bild das Kind vom abwesenden Elternteil entwickeln kann. Ein innerer Ausschluss führt oft zu Desintegrationsphänomenen und zur unbewussten Identifikation mit dem abwesenden, idealisierten oder abgewerteten Elternteil.

Fallbeispiel

Eine Psychotherapeutin erkennt aufgrund ihrer triadischen Kompetenz, dass eine misslungene Triangulierung für einen ihrer Patienten (10 Jahre) vorliegt. Es erweist sich u. a. als hinderlich, dass die Mutter nicht mehr über den Vater, der sie kurz nach der Geburt des Kindes verlassen hat, sprechen möchte. Sie versucht die Mutter im Laufe der Elternarbeit behutsam und einfühlsam darauf hinzuweisen, dass das Kind möglicherweise einen wichtigen Teil seiner Identität nicht erkunden kann, offene Fragen über die eigene Herkunft als tabuisiert erlebt, sich dadurch selbst als »schlecht« erlebt und es zur Identifikation mit dem »schlechten Vater« gekommen ist, möglicherweise sogar sich selbst die Schuld am Unglück der Mutter gibt. Zusätzlich könnte es sein, dass problematische Beziehungsmuster, die entstanden sind, wie »Konfliktvermeidung ist eine Lösung«, »Gefühle ansprechen ist gefährlich« oder »Beziehungen kann man nicht vertrauen« bearbeitet werden sollten.

Fallbeispiel

In einem anderen Fall registriert ein Psychotherapeut aufgrund seiner triadischen Kompetenz eine gelungene Triangulierung trotz frühem Verlust eines Elternteils. Ein alleinerziehender Vater, dessen Frau verstorben war, als die Tochter ein Jahr alt war, kommt mit seiner nun achtjährigen Tochter in die Sprechstunde. Er berichtet liebevoll von der Mutter und erzählt von Situationen und Alltagsmomenten, die sie in der kurzen Zeit gemeinsam erlebt haben. Er ist offen für Fragen des Kindes und bezieht auch die Verwandten und Freunde der Mutter in das Leben ein. Am Geburtstag der Mutter wird ihrer gedacht, ohne dass die Balance zwischen Erinnerung und Gegenwart gestört ist. Das Mädchen sagt: »Papa sagt, das Lachen habe ich von meiner Mama.« Dieser Satz deutet auf eine gelungene Integration der mütterlichen Objektrepräsentanz hin.

Allgemein gesprochen ist zur Bearbeitung von realen und inneren Beziehungskonstellationen die triadische Kompetenz des Therapeuten gefragt. Da hilft es nichts, die anfängliche mangelnde Kooperationsbereitschaft der Eltern zu beklagen. Für die Eltern ist es oft schwer erträglich, dass ihr Kind in eine so intensive Beziehung mit dem Therapeuten tritt. Vor allem Eltern mit einem schwerwiegenden Mangel im Bereich der triadischen Kompetenz können ihrem Kind kaum einen therapeutischen Prozess zugestehen. Insofern muss man zur Vorbereitung einer Behandlung und zu deren Absicherung intensiv an dem Aufbau und der Entwicklung der triadischen Kompetenz der Eltern arbeiten, um ein Bündnis mit ihnen eingehen und aufrechterhalten zu können. Das kann nur gelingen,

> »wenn auch der Therapeut seine Beziehung einerseits zu dem Kind und andererseits zu den Eltern als eine triadische Herausforderung versteht und konstant an seiner Fähigkeit, die triadischen Beziehungen in dieser Konstellation flexibel zu gestalten, arbeitet. Hier wird der Analytiker/Therapeut auf mögliche Defizite, Lücken und unbewältigte Konflikte in einer eigenen (triadischen) Entwicklung zurückgeworfen. Insbesondere für Therapeuten/Analytiker ohne eigene Kinder kann es sehr schwer sein, die Existenz wichtiger Elternfiguren und deren Bedeutung für das »adoptierte« Therapiekind anzuerkennen. Schlussfolgernd sollten wir in der kinderanalytischen Ausbildung die Entwicklung triadischer

Beziehungsformen zu einem wesentlichen Ziel machen.« (von Klitzing & Stadelmann, 2011, S. 970).

Diese Beziehungsformen entwickeln sich in Selbsterfahrung oder Supervision nicht automatisch. Sie können sich dort entwickeln, wo der Fokus auch auf die triadischen Kompetenzen des angehenden Therapeuten gerichtet ist. Dazu muss der Selbsterfahrungsleiter/Lehranalytiker und Supervisor seine eigene triadische Kompetenz entwickelt haben und zur Verfügung stellen.

Über Jahre hin habe ich mich als Therapeutin innerlich eher in der Familie gesehen (▶ Abb. 2.1).

Abgesehen davon, dass dies im Nachhinein betrachtet eine sehr anstrengende Position ist, wirkte sich diese Sichtweise für mich insofern nachteilig aus, dass ich zuweilen immer noch dachte, ich könne eine direkte Beziehung zum Kind haben, in der die Eltern bzw. Bezugspersonen nicht vorkommen. Aktuell habe ich mehr das folgende Modell im Sinn (▶ Abb. 2.2), bei dem die innere (natürlich nicht die äußere) Beziehung von Therapeut und Kind immer über die »Schnittlinie« Elternbeziehung läuft. Diese Schnittlinie existiert auch, wenn ein Elternteil lediglich als Repräsentanz und nicht real anwesend ist Dies erinnert stets daran, dass ein Kind ohne seine Eltern nicht denkbar ist, und zwar umso weniger, je jünger es ist.

2.2.3 Entwicklung der eigenen Mentalisierungsfähigkeit

Was versteht man unter Mentalisierungsfähigkeit?

Der von Peter Fonagy und Mary Target geprägte englische Begriff *mentalization* kann nicht befriedigend ins Deutsche übersetzt werden; mental bedeutet geistig, gedanklich, psychisch und seelisch zugleich. Deshalb wurde der englische Begriff mentalization im deutschsprachigen Raum übernommen als *Mentalisierung*.

Mentalisieren meint die Fähigkeit, das Verhalten anderer Menschen oder das eigene Verhalten durch die Annahme mentaler Vorgänge oder

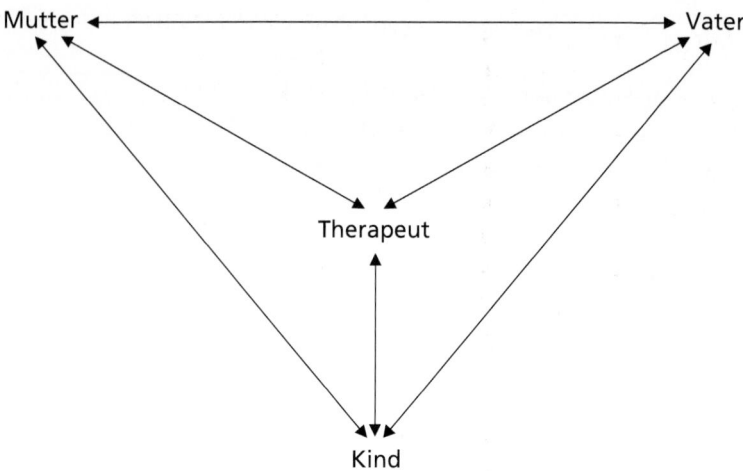

Abb. 2.1: Triaden in der Kinder- und Jugendlichen-Psychotherapie – Modell 1

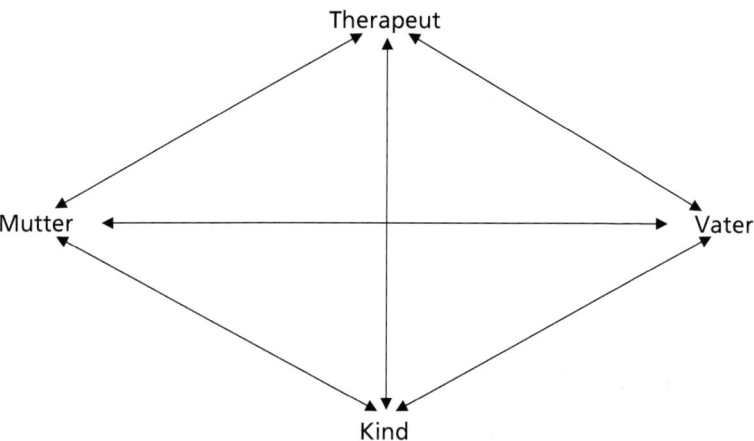

Abb. 2.2: Triaden in der Kinder- und Jugendlichen-Psychotherapie – Modell 2

Zustände zu interpretieren (vgl. Fonagy et al., 2004). Dabei wird auf das Verhalten des Gegenübers Bezug genommen und auf die eigenen Vorstellungen über dessen innere Welt wie z. B. Gedanken, Überzeugungen, Wünsche sowie Absichten und Einstellungen, die dieses Verhalten hervorbringen. Mentalisieren bedeutet also, ausgehend vom Verhalten eines anderen zu vermuten, was in dessen mentalem System vor sich geht. Ebenso werden auch Intentionen und Versuche, das eigene Erleben und Verhalten erklären zu wollen, als Mentalisierung verstanden.

Um Mentalisieren zu können, braucht es ein (implizites) Verständnis der Natur des Mentalen und das Wissen, dass unsere Gedanken und Vorstellungen den Gegebenheiten in der realen Welt nur näherungsweise entsprechen. Die Fähigkeit zur Mentalisierung ist eine kognitive und emotionale Leistung. Mentalisieren zu lernen ist Teil der Selbst- und Ich-Entwicklung und führt zu Sinngebung, Austausch, Denken als Probehandeln und Reflexion als Instrumente von Affektregulation und Impulskontrolle.

Die Fähigkeit des Mentalisierens entwickelt sich unter normalen Entwicklungsumständen in ihren wesentlichen Bestandteilen bis zum Ende des 4. Lebensjahres und differenziert sich durch immer umfangreichere Erfahrungen bis zur Adoleszenz. Die Fähigkeit zur Mentalisierung kann jedoch unter bestimmten Bedingungen auch in späteren Lebensjahren noch nachreifen, z.B. in Therapie, Selbsterfahrung und Supervision.

Eine besondere Herausforderung für Therapeuten ist es, die Fähigkeit zu Mentalisieren auch unter hohem psychischem Druck aufrecht zu erhalten bzw. wieder aufzubauen. Eine situativ eingeschränkte Mentalisierungsfähigkeit erkennt man z.B. daran, dass man sich nicht mehr so ausgeglichen fühlt, nicht mehr in Ruhe denken kann, andere Personen plötzlich als Feinde sieht oder bestimmte Sätze oder Handlungen wider besseres Wissen nicht zurückhalten kann.

Das bedeutet leider, dass diese Fähigkeit gerade dann nicht verfügbar ist, wenn man sie am meisten bräuchte, nicht, z.B. bei Streit oder Missverständnissen, bei unerwarteten Krisensituationen, bei heftigen Gefühlen von Kränkung, bei Angst-, Hilflosigkeits- und Ohnmachtserleben, in Trigger-Situationen oder unter starkem Gewissensdruck.

Für Psychotherapeuten, insbesondere für solche, die mit Kindern und Eltern arbeiten, ist es von vordringlicher Bedeutung, sich in derartigen Drucksituationen von impulsivem oder (selbst-)zerstörerischem Verhalten distanzieren zu lernen. Zunächst bewusst und ggf. unter Anleitung in der Supervision beginnt man zu reflektieren, anstatt reflexhaft zu handeln, z.B. die Angst zu spüren, wahrzunehmen, zu beobachten und nicht gleich

»kopflos« zu handeln. Allen, Fonagy und Bateman sprechen davon, den »Pausenknopf« zu drücken (Allen, Fonagy & Bateman, 2011). Den »Pausenknopf« zu drücken, verschafft einem Zeit, um wieder Kontrolle über sich selbst und die Situation zu erlangen.

Im Folgenden gehe ich ausführlich auf die Entwicklung der Mentalisierungsfähigkeit ein, weil therapeutische Maßnahmen zur Förderung von Mentalisierungsfähigkeit zu einem wesentlichen Teil auf einem grundlegenden Verständnis der Entwicklung dieser Fähigkeit aufbauen. Mentalisierungsfähigkeit und Förderung von Mentalisierungsfähigkeit ist m. E. in der Kinder- und Jugendlichenpsychotherapie insbesondere in der Arbeit mit den Bezugspersonen angesichts der komplexen oft druckvollen Beziehungs- und Problemstellungen für den Psychotherapeuten eine wichtige Aufgabe und erscheint zudem in mindestens vier Dimensionen bedeutsam:

- die Mentalisierung der Psychotherapeut-Bezugspersonen-Beziehung,
- die Mentalisierung der Psychotherapeut-Kind/Jugendlichen-Beziehung,
- die Mentalisierung der Bezugspersonen-Kind/Jugendlichen-Beziehung sowie
- die Mentalisierung der Triade Bezugspersonen-Kind/Jugendlicher-Therapeut

In allen vier Dimensionen schließt dies auch die Förderung der Mentalisierungsfähigkeit der Beteiligten (einschließlich des Psychotherapeuten) mit ein.

Wie entwickelt sich die Fähigkeit zu Mentalisieren?

In diesem Buch wird lediglich ein kurzer Überblick gegeben, soweit es mir für unser Thema wichtig erscheint. Mentalisieren als kognitive und emotionale Leistung entwickelt sich – wie schon erwähnt – nicht mit der Hirnentwicklung automatisch entlang einer Reifungslinie, sondern wird in Beziehungen erworben. Man geht davon aus, dass Säuglinge schon vorgeburtlich Wohlgefühl oder Unwohlsein empfinden können, aber sie haben noch kein Bewusstsein davon, wie diese Gefühle zu benennen sind und wodurch bzw. durch welche Person diese Empfindungen ausgelöst wurden. Die Forschergruppe um Fonagy hält die Entwicklung der Fähigkeit zur Affektdifferenzierung und -zuordnung für sehr bedeutsam. Diese Fähigkeit ermöglicht es, die eigenen emotionalen Zustände überhaupt als solche zu erkennen und dann im weiteren Entwicklungsverlauf anderen Menschen ebenfalls mentale Zustände zuschreiben zu können.

Epistemisches Vertrauen

Die Fähigkeit zu Mentalisieren entwickelt sich aus Sicht der Theoretiker effektiv in sicheren Beziehungserfahrungen, in denen sich auch das sogenannte epistemische Vertrauen besonders gut herausbilden kann (Fonagy & Nolte, 2023). Damit ist das Vertrauen in Bezugspersonen als sichere Informationsquellen gemeint, mit deren Hilfe es gelingt, sich selbst und die »Codes der sozialen Umwelt, die aus Normen, Objekten, Zeichen, Werten, Zwischentönen, Einstellungen, Erwartungen, Ritualen usw. bestehen« (ebd., S. 10) und deren Funktion und Bedeutung implizit und später explizit zu lernen und zu interpretieren.

Ein Säugling kommt mit vergleichsweise wenigen Kompetenzen auf die Welt, die es braucht, um in dem komplexen sozialen Umfeld später allein zurechtzukommen. Der Säugling wendet sich an die Menschen in seiner Umgebung und diese treten mit ihm in Kontakt, um die Informationen zu vermitteln, die er braucht.

Körpermodus und frühe Affektspiegelung (bis ca. 9. Lebensmonat)

Fonagy und Target beziehen sich in ihrer Theorie der Affektwahrnehmung und -differenzierung (Fonagy & Target, 2007) auf das Modell der Affektspiegelung von György Gergely und John Watson (1996, 1999). Diese beschreiben den Prozess der bewussten Affektwahrnehmung von Seiten des Säuglings, der im Zusammenspiel mit seinen Bezugspersonen geschieht. Erst mit einer gelingenden Affektwahrnehmung und -differenzierung ist die Grundlage für die Entwicklung der Fähigkeit zur Regulation der Affekte geschaffen (Gergely & Watson, 1996, 1999). Fonagy und Arbeitsgruppe stimmen mit Gergely und Watson darin überein, dass Säuglinge ihre Emotionen noch undifferenziert und dementsprechend vage wahrnehmen (im Sinne einer primary awareness).

Nach den entwicklungspsychologischen Erkenntnissen dominiert das Körper-Psyche-Funktionskontinuum postnatal mindestens bis zum neunten Lebensmonat und spielt lebenslang als Körper-Modus (»body mode«) eine bedeutsame Rolle, wenn bezüglich der Affektregulation auf den Körper zurückgegriffen werden muss. Dies in Worte kleidend spricht Lombardi (2022) von der Bedeutung des Körpers als Container der subjektiven Erfahrung.

Fonagy und Arbeitsgruppe gehen weiter davon aus, dass Säuglinge sich ihrer eigenen Zustände erst durch die Reaktion der Bezugsperson auf ihre Emotionsausdrücke bewusster werden (Fonagy et al., 2006). Oder anders ausgedrückt: Der Säugling findet sich selbst im Anderen. Eltern bzw. Bezugspersonen wiederum reagieren normalerweise, ohne darüber nachzudenken -man geht von biologisch angelegtem Verhalten aus- auf die Emotionsausdrücke des Kindes. Sie kommunizieren in der »Ammensprache« mit ihrem Säugling. Durch eine erhöhte Tonlage, viele Wiederholungen, einen einfachen Wortschatz und übertriebenen Emotionsausdruck »markieren« sie ihren spiegelnden Emotionsausdruck als übertrieben und als eine Mischung aus verschiedenen Affekten (ggf. auch beruhigenden Anteilen). Damit – so die Theorie – werde es dem Säugling möglich, zu erkennen, dass die Bezugspersonen auf ihn reagieren (referenzielle Verankerung auf Seiten des Kindes), es nicht nur der Ausdruck der Bezugspersonen ist (referenzielle Entkopplung auf Seiten des Kindes) und dass *sein* Zustand gespielt (markiert) wird (Bewusstwerdung auf Seiten des Kindes) (Fonagy et al., 2006). Die Befunde der Forschergruppe deuten darauf hin, dass mit einer gelungenen Phase von Affektspiegelung bis zum Alter von ca. 9 Monaten die Grundlagen der Mentalisierungsfähigkeit, nämlich Affektwahrnehmung und -differenzierung, geschaffen sind. Diese neue Ebene des Erlebens wird als »Neunmonatsrevolution« bezeichnet (Fonagy et al., 2006, S. 229 ff.). In den ersten Monaten entwickelt der Säugling entlang der »hinreichend guten« kontingenten und kongruenten Spiegelung ein Lebensgefühl, das als *Kontingenzerleben* beschrieben wird. Danach kann sich in Auseinandersetzung mit der Realität ein zunehmend komplexeres Weltbild entwickeln.

Entwicklungsschritte der weiteren Mentalisierungsfähigkeit

Zielgerichteter Modus (ab ca. 9. Monat bis 1,5 Jahre)
Der zielgerichtete Modus wird auch teleologischer Modus genannt. Das Kind kann nun eigene und fremde Handlungen aus der Beobachtung heraus erfassen und sie auch schon als zielgerichtet interpretieren. Eigenes Versuch-und-Irrtum-Verhalten ist auf ein Ziel gerichtet. Es kann eine Urheberschaft wahrnehmen, jedoch noch nicht dahinterliegende Ursachen, wie Motive, Absichten oder Wünsche erkennen. Ein Baby kann mit etwa acht bis neun Monaten z.B. über verschiedene Möglichkeiten nachdenken, einen Ort zu erreichen oder einen Gegenstand in die richtige Position zu bewegen.

In dieser Zeit entsteht auch die *Objektpermanenz* nach Piaget (1975), in der das Kind begreift, dass ein Objekt oder eine Person weiter existiert, wenn es sich außerhalb des eigenen Wahrnehmungsfeldes befindet. Auf Gesichter, die ihm fremd sind, reagiert es nun zögerlich.

In der Psychoanalyse wird die *Objektkonstanz* datiert auf ein Alter von ca. 18 Monaten. Objektkonstanz bedeutet, dass das Kind eine konstante Bindung an die primären Bezugspersonen entwickelt hat und eine Beziehung relativ unabhängig von Bedürfnisbefriedigung halten kann. Ein Kind, das Objektkonstanz erworben hat, behält eine Vorstellung von Mutter und Vater, auch wenn diese nicht da sind, selbst wenn dieser Zustand für das Kind unbefriedigend ist. Man kann davon ausgehen, dass dieses Gefühl der Nähe zu den Bezugspersonen ebenfalls beinhaltet, weiterhin ein Gefühl der eigenen Existenz, des eigenen Selbst zu haben und sich nicht verlassen und nicht-existent zu fühlen. Positiv gesprochen ist das erfolgreiche Durchstehen solcher Frustrationen auch die Grundlage für das wachsende Erleben des Kindes von Vertrauen, sein eigenes Leben führen zu können und zu dürfen.

Psychische Äquivalenz (ab ca. 1,5–4 Jahre)
In diesem Entwicklungsstadium der Mentalisierung kann das Kind seine

Gedanken und die äußere Wirklichkeit noch nicht (sicher) unterscheiden. Innere Gegebenheiten, z. B. Gedanken, Vorstellungen, Phantasien, Ängste, lösen ähnliche Empfindungen und Gefühle aus wie reale Ereignisse und werden nicht von diesen unterschieden, d. h. im »Äquivalenzmodus« erlebt das Kleinkind die innere Welt identisch zur äußeren Welt. Für das Kind erscheinen die eigenen Gedanken real. Alles ist für das Kind *konkret*, aus erwachsener Sicht *konkretistisch*. Das Kind kann noch nicht verstehen, dass Denken und Wünschen Repräsentationen der Umwelt sind und nicht die Realität selbst darstellen. Das hat zur Folge, dass eigenen Affekten oder Phantasien potenziell Auswirkungen in der Realität zugeschrieben werden und diese dadurch als angsterregend erlebt werden.

Parallel dazu

Als-Ob-Modus (ab ca. 1,5–4 Jahre)
Unter dem »Als-ob-Modus« wird ein Zustand verstanden, in dem im Erleben des Kindes die Realität suspendiert ist. Innere und äußere Realität sind entkoppelt. In diesem Modus kann das Kind versunken spielen und es befürchtet nicht, dass das Spiel reale Konsequenzen hat. Das Kind kann auf diese Weise seine inneren Zustände darstellen und (ohne es zu wissen) Repräsentationen erschaffen. Dadurch bleiben die in der Phantasie auftretenden Gedanken und Wünsche und Impulse ungefährlich, mehr noch, es wird phantasiert, diese mit Hilfe von Phantasie bewältigt zu haben. Dieser Modus wird auch als magisches Denken bezeichnet. Idealerweise werden auch destruktive Phantasien und Wünsche im Spiel durchgearbeitet, wobei das Kind dann gut einen mitspielenden Erwachsenen oder ein älteres Kind dabei haben kann, um fest in der Überzeugung bleiben zu können, dass eine Idee nur eine Idee ist, die sich nicht direkt auf die Realität auswirkt.

Diese Spielerfahrungen organisieren und vermitteln zwischen den Modi psychischen Funktionierens des Äquivalenzmodus und des Als-Ob-Modus, so dass das Kind immer sicherer seine mentalisierende Haltung beibehalten und probehandelnd experimentieren kann.

Reflexiver Modus (ca. ab 4. – 5. Lebensjahr)
Im reflexiven Modus werden die vorher nebeneinander existierenden und abwechselnd genutzten Modi des »Äquivalenz- und Als-Ob-Modus« in-

tegriert. Es wird möglich, über das eigene Selbst und über das vermutete Innenleben anderer Menschen nachzudenken. Unterschiedliche Perspektiven werden anerkannt. Das Kind erforscht, was die Handlungen anderer bedeuten, darauf aufbauend lernt es, eigene psychische Erfahrungen zu bestimmen und als sinnvoll zu erkennen (Fonagy, 2007, S. 175). Die Reflexionsfähigkeit wird möglich, wenn das Kind die Erfahrung machen konnte, dass seine psychischen Zustände von den Bezugspersonen reflektiert wurden.

»Das Kind nimmt nun den Zusammenhang zwischen innerer und äußerer Realität wahr, während es gleichzeitig anerkennt, dass sie sich in bedeutsamen Aspekten unterscheiden und weder in eins fallen (Äquivalenzmodus) noch voneinander dissoziiert werden müssen (Als-ob-Modus)« (Fonagy & Target, 1998).

Entwicklung bis zur Adoleszenz

Es wurde festgestellt, dass eine kontinuierliche Verbesserung der Fähigkeit zur Reflexion mit Erweiterung des Erfahrungshintergrunds bis ins frühe Erwachsenenalter messbar ist. Für Fonagy und seine Arbeitsgruppe (Fonagy et al 2006) sind adoleszente Krisen nicht Ausdruck eines normalen pubertären inneren Chaos, sondern als Folge früherer Entwicklungsdefizite, die sich erst jetzt zeigen, zu verstehen. Die Entwicklungsanforderung der Ablösung von den Eltern, die geforderte Anpassung an die peer-group und die bevorstehenden Anforderungen und Unsicherheiten in Studium und Beruf können leicht eine Reaktivierung früherer Konflikte oder traumatischer Belastungen aus der Kindheit bewirken. Es kann dazu kommen, dass diese in Szene gesetzt (im *teleologischen Modus* oder *Äquivalenzmodus*) werden oder durch Flucht aus der Realität verleugnet (im *Als-Ob-Modus*) werden. Die reflexive Kompetenz, die der Jugendliche in seiner Kindheit erworben hat, ist dann entscheidend für seine Bewältigungsmöglichkeiten dieser Anforderungen der Pubertät und Adoleszenz.

2.2.4 Erweiterung des Ausbildungscurriculums

Insgesamt sollte m. E. in der Aus- und Weiterbildung die Theorie und Praxis der begleitenden psychotherapeutischen Elternarbeit eine höhere Priorität erhalten. Dann könnte sich auch das therapeutische Selbstbewusstsein und das Wissen um die eigene Kompetenz sowie eine erweiterte Mentalisierungsfähigkeit der Psychotherapeuten in dem Bereich als intensiver Motivations- und Intentionsfaktor auswirken und sich in einem entsprechenden Handeln bemerkbar machen.

2.3 Kapitelabschluss

2.3.1 Zusammenfassung

Nach wie vor kann beobachtet werden, dass die Arbeit mit Bezugspersonen wider besseres Wissen vernachlässigt oder sogar vergessen wird. In diesem Kapitel wurden Widerstandsphänomene gegenüber Elternarbeit diskutiert. Zunächst sind allgemeine sozial-historische, theoretische, berufspolitische und psychodynamische Ursachen von Widerständen, darunter u. a. – aus Gründen der Abwehr von Hilflosigkeit – die fälschliche Grundannahme einer normativen Distanzierung zwischen Adoleszenten und ihren Eltern zu berücksichtigen. Darüber hinaus wurde auch aufgezeigt, dass eine unzureichende Auseinandersetzung mit den eigenen inneren Eltern und eine nicht-ausreichende Ausbildung für die begleitende Psychotherapie von Bezugspersonen die Motivation von Therapeuten für diese Arbeit herabsetzen kann. Zwar wurde die Auseinandersetzung mit den eigenen inneren Eltern in der Ausbildung von Psychotherapeuten von Beginn an für notwendig erachtet. Dies allein führt jedoch nicht zu einer ausreichenden Motivation der Therapeuten für die begleitende Psychotherapie. Es kann vermutet werden, dass eine höhere Selbstwirksamkeitserwartung und in Folge eine stärkere Motivation der

Psychotherapeuten für die Arbeit mit den Bezugspersonen entsteht durch die Ausbildung eigener triadischer Kompetenz von Therapeuten. Auch der Aufbau der Kompetenz, an der triadischen Fähigkeit von Bezugspersonen arbeiten zu können, die Erweiterung der eigenen Mentalisierungsfähigkeit und die Kompetenz Mentalisierungsfähigkeit bei anderen fördern zu können, kann zu einer höheren Motivation für Bezugspersonenarbeit beitragen.

2.3.2 Literatur zur vertiefenden Lektüre

Allen, J. G., Fonagy, P. & Bateman A. W. (2011). *Mentalisieren in der psychotherapeutischen Praxis* (E. Vorspohl, Übers.). (2. Aufl.). Stuttgart: Klett-Cotta (Originalarbeit erschienen 2006).

Fonagy, P. & Target, M. (2001). Mentalisation und die sich ändernde Ziele der Psychoanalyse des Kindes. *Kinderanalyse 9*(2), 229–244.

Fonagy, P. & Nolte, T. (Hrsg.). (2023). *Epistemisches Vertrauen*. Stuttgart: Klett-Cotta.

Novick, J. & Novick, K.K. (2009). *Elternarbeit in der Kinderpsychoanalyse. Klinik und Theorie*. Frankfurt am Main: Brandes & Apsel.

Rosenbaum, A. L. (2005). Die Beurteilung von Elternfunktionen: Ein wesentlicher Bestandteil der Indikationsstellung für eine Kinderanalyse. *Kinderanalyse 13* (2) 123–146. (Originalarbeit erschienen 1994)

von Klitzing, K. & Stadelmann, S. (2011). Das Kind in der triadischen Beziehungswelt. *Psyche 65*, 953–971.

2.3.3 Weiterführende Fragen

- Welche Widerstände gegen die begleitende Psychotherapie der Bezugspersonen halten Sie für maßgeblich für die immer noch zu beobachtende Vernachlässigung der Elternarbeit durch Psychotherapeuten?
- Welche Ängste und Befürchtungen führen Ihrer Meinung nach zur Vermeidung einer intensiven Elternarbeit?
- Welchen Stellenwert hat die Entwicklung triadischer Kompetenz des Therapeuten im therapeutischen Alltag?

- Welchen Stellenwert hat die Erweiterung der Mentalisierungsfähigkeit des Therapeuten im therapeutischen Alltag?

3 Die Bedeutung des Kindes für die Bezugspersonen

> In diesem Kapitel wird diskutiert, welche Bedeutung Kinder für die Bezugspersonen haben, um die inneren Voraussetzungen, mit denen Eltern zum Kinder- und Jugendlichenpsychotherapeuten kommen, nachvollziehen zu können.
>
> Die Eltern melden sich meist erst dann beim Therapeuten, wenn ein sehr kritischer Punkt erreicht ist. Frustration, Ohnmacht, Wut, Trauer, Schuldgefühle und ein Wunsch nach schneller Hilfe stehen oft am Anfang des Kontakts. Dies erzeugt großen Druck auf beiden Seiten, der bewältigt werden muss. Weshalb suchen die Eltern mit ihrem Kind den Therapeuten erst so spät auf? Warum kommen sie mit ihrem Kind, begeben sich aber oft nicht selbst in Therapie? Welche Rolle hat das Kind (und dessen Symptomatik) für die Bezugspersonen? Welche Schwierigkeiten und Chancen ergeben sich daraus für die begleitende Bezugspersonenarbeit?

Die meisten Paare entscheiden sich heutzutage *bewusst* dazu, ein Kind oder Kinder zu bekommen. Da es bedingt durch Verhütungsmethoden möglich wurde, Familienplanung relativ sicher und berechenbar zu gestalten, wird es von anderen kaum akzeptiert, wenn man sagt, es »habe sich so ergeben«, es sei Schicksal, Kinder zu haben. Es wird erwartet, dass man weiß, worauf man sich einlässt. Das Gleiche gilt für Paare, die sich auf den Prozess der künstlichen Befruchtung (In-vitro-Fertilisation, IVF), der Samenspende, der Leihmutterschaft, der Adoption, der Pflege oder Patchworkfamilie einlassen.

Zukünftige Eltern können sich aber nicht vorstellen, in welchem Ausmaß sich die Ankunft eines Kindes auf das Leben auswirkt, was es bedeutet, dass sich das ganze Leben für immer verändert. Sie kennen diese besondere lebenslange Bindung noch nicht, die sich nicht wieder abwählen lässt und sie wissen nicht, was es bedeutet, eine Verbindung zu einem Menschen einzugehen, den man nicht vorher kennenlernen kann. Das Kind mit seinem Wesen kann für die Eltern das höchste Glück und eine erfüllende Aufgabe, aber auch eine Überforderung oder sogar traumatisierend sein. Ein Kind kann zu einem Zeitpunkt kommen, der als genau richtig oder aber als belastend erlebt wird. Dabei wird natürlich immer den Eltern die Verantwortung zugesprochen. Dies ist vollkommen richtig, aber es heißt eben nicht, dass sie »alles« vorhersehen konnten: Sie haben die Situation initiiert und allein sie sind zu Beginn handlungsfähig. Dennoch gibt es Konstellationen, die bei Eltern ein Gefühl der fehlenden Wahlmöglichkeit bzw. des Ausgeliefertseins auslösen können: Schwangerschaft trotz Verhütungsmittel, der Verlust eines Elternteils während der Schwangerschaft, die Erfahrung von Arbeitslosigkeit kurz nach der Geburt des Kindes, die Diagnose einer lebensbedrohlichen Krankheit des Babys usw. In der heutigen öffentlichen Debatte wird ein Tab. gebrochen, wenn immerhin 20% der Frauen erklären, dass sie es bereuen, Mutter geworden zu sein (*regretting motherhood*). Sie lieben ihre Kinder, aber eine derartige Veränderung der Lebensumstände würden sie so nicht noch einmal in Kauf nehmen. Es würde hier zu weit führen, über die sozioökonomischen Risiken von Elternschaft zu referieren. Klar ist, dass heutigen Eltern viel abverlangt wird, um mit Familie in der Gesellschaft bestehen zu können. In diesem Kapitel möchte ich auf die oft nicht vorhersehbaren *psychischen* Risiken, die Eltern eingehen, zu sprechen kommen.

Burchartz stellt fest: »Schon vor der Zeugung, spätestens mit Beginn der Schwangerschaft verknüpfen Vater und Mutter unbewusste Wünsche, Erwartungen und Befürchtungen mit dem heranwachsenden Fötus.« (Burchartz, 2012, S. 165). Sie entwickeln ein inneres Bild des Kindes, das sie erwarten und dieses »imaginäre Kind enthält wesentliche Anteile der eigenen Kindheit der Eltern, wie überhaupt die Erwartung eines Kindes infantile Erinnerungsspuren wieder aufleben läßt.« (ebd., S. 165). Rose Ahlheim betont die in diesen Erinnerungen implizit enthaltenen Selbstaspekte (Ahlheim, 2007). Sie schreibt: »Der erwachsene Wunsch, ein Kind zu haben, die gemeinsamen Phantasien dazu, Schwangerschaft und Geburt eines Kindes aktivieren diese früh angelegten Selbstaspekte«. (ebd., S. 254). Es ist klar, dass diese Wünsche, Erwartungen und Ängste sich nicht mit der Geburt des Babys vollständig der Realität anpassen. Vielmehr werden diese Imaginationen (unbewusst) weiterleben: »Wenn Sie Ihr Baby zur Welt bringen, trifft das imaginierte Baby auf das wirkliche Baby, wobei das imaginierte Baby nicht automatisch verschwindet. Vielmehr wird es sich behaupten, obwohl die Vorstellung von diesem Baby ein wenig verändert wird, um es in Geschlecht, Größe, Aussehen, Typus und Temperament der Wirklichkeit anzupassen.« (Stern et al., 2000, S. 76).

3.1 Unbewusste Wünsche

Zunächst sind da die bewussten und unbewussten Wünsche und Motive, Kinder zu bekommen, die sehr unterschiedlich sein können. Freud benannte narzisstische und selbstbezogene Wünsche der (zukünftigen) Eltern:

> »Wenn man die Einstellung zärtlicher Eltern gegen ihre Kinder ins Auge faßt, muß man sie als Wiederaufleben und Reproduktion des eigenen, längst aufgegebenen Narzißmus erkennen. Das gute Kennzeichen der Überschätzung, welches wir als narzißtisches Stigma schon bei der Objektwahl gewürdigt haben, beherrscht, wie allbekannt, diese Gefühlsbeziehung« (Freud 1914, S. 157).

Als Kennzeichen der Überschätzung benennt er den »Zwang«, das Kind für absolut vollkommen zu halten, was bei realistischer Betrachtung natürlich nicht gegeben ist, und zudem alle Mängel zu übersehen und vergessen. Gleichzeitig sei auch die Tendenz zu beobachten, die kulturell-sozialen Begrenzungen, die man selbst seinem Narzißmus abgerungen hat, angesichts des Kindes zu vergessen und die Ansprüche, die man selbst längst zurückgestellt hat, bei ihm wieder zur Geltung zu bringen.

> »Das Kind soll es besser haben als seine Eltern, es soll den Notwendigkeiten, die man als im Leben herrschend erkannt hat, nicht unterworfen sein. Krankheit,

Tod, Verzicht auf Genuß, Einschränkung des eigenen Willens sollen für das Kind nicht gelten, die Gesetze der Natur wie der Gesellschaft vor ihm haltmachen, es soll wirklich wieder Mittelpunkt und Kern der Schöpfung sein. *His Majesty the Baby*, wie man sich einst selbst dünkte« (Freud 1914, S. 157).

Es wird deutlich, dass das Baby zuweilen die eigenen unerfüllten Wunschträume der Eltern anregt, endlich durch das Baby doch noch die Chance zu erhalten, einen großen Helden hervorzubringen statt des Vaters selber oder einen einfühlsamen und ritterlichen Prinzen zum Gemahl bekommen zur stellvertretenden Entschädigung der Mutter. Mehr noch:

»Der heikelste Punkt des narzißtischen Systems, die von der Realität hart bedrängte Unsterblichkeit des Ichs, hat ihre Sicherung in der Zuflucht zum Kinde gewonnen. Die rührende, im Grunde so kindliche Elternliebe ist nichts anderes als der wiedergeborene Narzißmus der Eltern, der in seiner Umwandlung zur Objektliebe sein einstiges Wesen unverkennbar offenbart« (Freud 1914, S. 157 f.).

Anna Freud betonte die transgenerationale Perspektive mit ihren positiven wie schrecklichen Möglichkeiten, wenn sie schreibt:
»Das Kind, das sie gezeugt haben, kann für sie eine Fortsetzung der eigenen Persönlichkeit darstellen, eine Bestätigung ihrer sexuellen Identität, die Erfüllung von Idealen, die Reinkarnation geliebter oder gehasster Gestalten der Vergangenheit, einen willkommenen oder unerwünschten Familienzuwachs, eine Last etc.« (Sandler et al., 1980, S. 2645). Dieser Aspekt wurde auch besonders von Fraiberg (1975, 1990, 2003) hervorgehoben. Sie und ihre Mitautorinnen sprachen von den »Gespenstern im Kinderzimmer« oder den »Besuchern aus der nicht erinnerten Vergangenheit der Eltern«. Extrem gesprochen, trägt das Baby »die Last der Vergangenheit seiner Eltern von Beginn seines Lebens an. Die Eltern (...) sind verdammt, die Tragödie ihrer Kindheit mit dem eigenen Kind in grausamer Weise bis in Einzelheiten hinein zu wiederholen«. (Fraiberg et al., 2003, S. 142). Gleichzeitig wird das Baby auch als zentraler Motivator für die Einleitung von Veränderung in der Familie gesehen. Diese Motivationsfunktion ist ein zentraler positiver Ansatzpunkt für die Inanspruchnahme von frühen Eltern-Kind-Interventionen.

Daniel Stern und Nadia Bruschweiler-Stern mit Alison Freeland (2000) schreiben:

»Alle Mütter erwarten, daß ihr Baby einige ihrer persönlichen Bedürfnisse, Ambitionen und Wünsche erfüllt und daß es umgekehrt einige ihrer Mißerfolge und Enttäuschungen ausbügelt.« (Stern et al., 2000, S. 77). Dieser Satz gilt m. E. auch für Väter. Einige der Vorstellungen, die Eltern und Betreuungspersonen für das Baby entwerfen, seien hier genannt.

Die meisten Eltern tragen (unbewusst) eine *Sehnsucht nach bedingungsloser Liebe* in sich.
Vor allem, wenn sie sich selbst als Kind nicht geliebt fühlten für das, was sie waren, sondern nur für das, was sie taten und leisteten, so wünschen sie sich nun mit der Geburt ihres Kindes »jemanden, der sie liebt, egal, was passiert« (ebd., S. 78). Schwierig kann es dann werden, wenn das Kind sie einmal zurückweist oder sich später unabhängig machen möchte, was beides unweigerlich passieren wird. Ein Vater erzählte, sein eigener Vater sei nie für ihn dagewesen. »Er wusste, wo ich verletzlich war und hat immer verbal reingehauen. Du Flasche, du wirst es nie zu was bringen« Als er seinen Sohn das erste Mal nach der Geburt in den Armen gehalten habe, habe er gedacht: »Wie perfekt du bist! Dich werde ich nie verletzen.« Wie ist es weiter gegangen? Hoffentlich hat dieser Vater diesen Gedanken wahr werden lassen können. Die Erörterung, ob es bedingungslose Liebe überhaupt gibt, würde hier zu weit führen.

Oft ist das Baby (unbewusst) *als Ersatz* gewünscht.
Haben Eltern vor der Geburt durch Krankheit oder Unfall einen Verlust erlebt, so kann es sein, dass das Baby wie ein Ersatz erscheint. Richter wies darauf hin, dass Kinder besonders häufig als Substitut für eine Elternfigur, für den Ehegatten oder für eine Geschwisterfigur stehen (vgl. Richter, 1963, S. 81). Eine Mutter sagte: »Nach dem Tod meiner Mutter ging für mich mit der Geburt meiner Tochter zum ersten Mal die Sonne wieder auf.«

Das Baby dient *als Antidepressivum*.
Eltern können sich unbewusst wünschen, das Kind möge ein »Antidepressivum« sein (Stern et al., 2000). Das bedeutet, dass das Kind lebhaft und niedlich mit sonnigem Gemüt sein sollte, um dieser Vorstellung

entsprechen zu können. Aber welches Kind ist nicht auch hin und wieder anstrengend, launisch oder störrisch? Ein Vater berichtete, dass er lange Zeit durch Beruf und Alltag ausgebrannt und niedergeschlagen gewesen sei. Die Nachricht, dass ein Kind unterwegs sei, habe ihm durch einen neuen Lebensinhalt wieder Freude, Sinnerleben und Motivation geschenkt.

Sehr oft soll das Baby *als Stellvertreter* für die Eltern etwas erleben oder erreichen.
In den Wünschen für die Zukunft des Babys können die Wünsche, die eigene Vergangenheit noch einmal neu zu inszenieren, verborgen sein. Richter benannte die Rollen des Kindes als Abbild schlechthin, als Substitut des idealen Selbst, als Substitut der negativen Identität (vgl. Richter, 1963, S. 81). Man hört Eltern sagen: »Wie gern hätte ich Ballettunterricht gehabt.« Oder »Wie gut war es für mich, dieses Studium zu machen als Grundlage für meine Karriere.« Oder »Glaub' mir, so kommst du nicht weit.«

3.2 Unbewusste Ängste

Während viele Wünsche und Hoffnungen schon unbewusst sind, sind die unbewussten Ängste meist noch tiefer verborgen. Ängste stellen sich bereits in der Schwangerschaft, spätestens nach Geburt eines Kindes bzw. von Kindern ein, z. B. Angst vor

- Neid dem Kind gegenüber,
- dem Ertragenmüssen eigener Unvollkommenheit,
- den Notwendigkeiten des Lebens,
- dem Auseinanderbrechen der elterlichen Beziehung,
- dem Zusammenbruch der omnipotenten Vorstellungen, Schutz geben zu können,
- dem eigenen Versagen,

- dem Schuldigwerden,
- dem Tod (wobei die Angst vor dem eigenen Tod i.d.R. die geringste ist),
- dem Wiederaufleben der geliebten/gehassten Figuren der Vergangenheit,
- der inneren wie äußeren Auseinandersetzung mit der Art des Elternseins der eigenen Eltern.

Mit diesen Ängsten kommen Eltern in die Sprechstunde des Therapeuten und wünschen sich meist, dass sie zwar verstanden und gehalten werden, aber auf keinen Fall ihre Unzulänglichkeiten und Fehlbarkeiten aufgedeckt werden mögen.

3.3 Unvorhersehbare Risiken

Eltern können nicht vorhersehen, wie sich die Zukunft entwickeln wird. Wird die Wirklichkeit so, wie sie es in ihren Vorstellungen entworfen haben? Werden eher ihre Wünsche oder ihre Befürchtungen wahr? Wie wird sich die Gesellschaft bzw. wie werden sich die Normen und Werte entwickeln? Zunehmend spielen auch Gedanken eine Rolle, wie sich die Welt wohl entwickelt.

Erfüllung oder Enttäuschung
Wird die Elternschaft die gewünschte Erfüllung bringen oder wird die Entscheidung für ein Kind als Fehler erlebt? In dem Kinderbuch von Janosch »Löwenzahn und Seidenpfote« wird ein Mäuse-Elternpaar beschrieben, das sich mit dem So-sein der Kinder, einem Jungen und einem Mädchen, beschäftigt und anfreundet. Dabei können die Wünsche der Eltern an ihr Kind übereinstimmen, aber natürlich auch unterschiedlich sein – und wie anders kann das Kind dann sein, vielleicht sogar den Erwartungen beider Eltern nicht entsprechend (Janosch, 1996).

Eine Mutter berichtet: »Ich konnte die ersten Monate meiner Mutterschaft überhaupt nicht genießen. Ich hatte immer Sorge, er wäre nicht normal. Er war so still, und ich versuchte immer, ihn zu aktivieren.« Sie habe immer gefürchtet, er sei nicht intelligent. Sie habe sogar angefangen zu bereuen, Mutter geworden zu sein. Erst im Gespräch mit der Psychotherapeutin habe sie erkannt, wie enttäuscht und verwirrt sie sei, denn sie habe ein agiles, immer aktives Baby erwartet: »Irgendwie erwartete ich, dass mein Baby so sein würde wie ich. Und wenn ich es recht bedenke, so wie wir beide, mein Mann und ich, sind. Unser Sohn kann friedlich und interessiert gucken; er scheint ein Beobachter zu sein. Vielleicht ist er ja gerade deshalb sehr intelligent.«

Stärkung oder Bedrohung der elterlichen Beziehung
Manche Eltern hoffen, dass Kind könne ein Garant für ihre Beziehung sein. Sie versprechen sich davon, nun nicht mehr verlassen zu werden. Andere wiederum befürchten, ein Kind könne die Ausschließlichkeit und Innigkeit der Beziehung zerstören. Dann entstehen Szenarien, die, wenn sie unbearbeitet bleiben, heftigen Konfliktstoff beinhalten.

Versöhnung oder Auseinanderdriften
Mit der Ankunft eines Kindes sind oft Hoffnungen verbunden, dass sich durch die Geburt die Familie versöhnen möge. Wenn diese Hoffnung sich – was leider oft geschieht – nicht realisiert, kann das ein noch stärkeres Auseinanderdriften der Familie zur Folge haben. Das Kind kann unbewusst verantwortlich gemacht werden oder kann sich selbst unbewusst schuldig dafür fühlen.

Wirkliche oder perfekte Familie
Sind die Vorstellungen, die Eltern entwickeln, eher aus ihren Idealvorstellungen entstanden? Z.B. wie viele Kinder sie sich »schon immer« gewünscht hätten, dass für das erste Kind nun endlich der »perfekte Zeitpunkt« für ein Geschwisterchen gekommen sei, dass es in einer Familie »immer« harmonisch zugehe. Oder können sich die Eltern mit ihren realen Bedürfnissen, ihren Vorstellungen, ihrem »wirklichen« Baby auseinandersetzen?

Können Eltern die Angst ertragen, von ihren Kindern verlassen zu werden? Oder tun sie alles, um das zu verhindern und werden dadurch erpressbar?

Beachtung oder Negierung der Familientradition
Ist es für das Kind schon bei Geburt vorgesehen, dass es die Familientradition fortführen soll? Großvater und Vater könnten erwarten, dass das Familienunternehmen übernommen wird. Darf das Kind diese Erwartung als Angebot ansehen oder muss es mit Zwang und Enterbung rechnen, wenn es andere Neigungen und Pläne entwickelt? Darf das Kind einer »Rechtsanwaltsfamilie« z. B. einen Handwerksberuf ergreifen? Darf das Kind einer »Handwerkerfamilie« z. B. Soziologin werden?

Individuum oder Wiedergeburt
In manchen Familien ist es recht üblich, dem Kind sofort zu prophezeien, es sehe aus wie die Oma, sei gierig wie der Onkel, klug wie die Mutter, werde bestimmt später Opernsänger. Sind diese Phantasien zeitlich überdauernd und einschränkend, kann das Kind als Individuum übersehen werden und z. B. in die Rolle des Hoffnungsträgers, des schwarzen Schafes, des Schürzenjägers etc. hineingedrängt werden.

Geschenk oder Tribut
In vielen Beziehungen taucht der Kinderwunsch nicht bei beiden Partnern gleichzeitig auf. Es willigt der eine Partner dem anderen zuliebe ein. Ist es dann etwas Eigenes geworden, ein Geschenk an den Partner oder ein Tribut? Wird das Kind dafür bezahlen müssen? Manchmal wird auch gesagt, das ältere Kind habe unbedingt noch ein Geschwisterchen gewollt. Wird ihm dann die Verantwortung aufgebürdet für alles, was mit diesem weiteren Baby an Veränderungen und Anforderungen kommt?

Psychische Gesundung oder noch stärkere Überforderung
In allen Konstellationen, in denen das Kind eine dringlich erlebte oder herbeigesehnte kompensatorische Funktion im elterlichen Selbst zugewiesen bekommt, können Krisen mit Individuation und Separation u. U. bereits im Säuglingsalter auftreten. Besonders psychisch erkrankte Eltern, z. B. bei Diagnosen wie Depressionen oder einer Borderline-Störung, er-

leben häufig in der Schwangerschaft und den ersten Monaten nach der Geburt eine Phase der Freude und Vollständigkeit. Die Hoffnung auf dauerhafte psychische Gesundung durch Familiengründung oder Familienzuwachs geht meist nicht in Erfüllung. Spätestens mit der Entwicklung größerer Mobilität und vor allem der Erstarkung des eigenen Willens des Kindes treten meist Überforderungsgefühle und die »altbekannten« Symptome und Befindlichkeiten wieder in den Vordergrund, wobei nun das Kind oft verantwortlich gemacht wird oder die Entscheidung für ein weiteres Kind als Fehler gesehen wird.

Schönheit oder Makel
Merkmale, die als Makel erlebt werden, können dynamisch schwierig werden, weil es möglicherweise Zuschreibungen gibt, von wem bzw. aus welcher Familie dieser Makel stamme.

Eine junge Mutter erzählte, die größte Angst in der Schwangerschaft sei gewesen, ihr Kind nicht annehmen zu können, wenn sich herausgestellt hätte, dass es hässlich sei.

3.4 Traumatisierungen durch Elternschaft

Eine meist weitaus größere Belastung stellen schwere psychische Störungen, reale Behinderung oder schwere Erkrankung des Kindes dar. Trudy Klauber hat sich in ihrem Aufsatz »Die Bedeutung des Traumas bei der Arbeit mit den Eltern schwer gestörter Kinder und Implikationen für die Arbeit mit den Eltern im Allgemeinen« damit auseinandergesetzt, dass das Leben mit somatisch oder psychisch erkrankten Kindern traumatisierend für Eltern sein kann (Klauber, 1999). Das kann so weit gehen, dass »ihre elterliche Funktion außer Kraft gesetzt wird und ihre elterlichen Fähigkeiten verlorengehen oder stark eingeschränkt werden.« (ebd., S. 399) Für Eltern kann es den Charakter einer Katastrophe haben, ein autistisches, psychotisches, lernbehindertes, herzkrankes oder krebskrankes Kind zu haben. In der Arbeit mit Eltern ist es wichtig, einschätzen zu können, ob diese durch ihr Kind traumatisiert sind, damit sie sich durch den Therapeuten nicht weiter traumatisiert, sondern unterstützt fühlen können. Eltern erzählen mit Erschütterung: »Die Psychologin sagte nüchtern, dass unser Sohn keine normale Schule besuchen werde, nachdem sie über Wochen getestet und ausgewertet hatte. Die Uhr im Behandlungsraum des Instituts für Früherkennung tickte. Wir bekommen Zeit, noch etwas zu sagen. Wir sagen nichts.«

Es ist ein großer Kunstfehler, die Auswirkungen der Krankheit des Kindes mit deren Ursachen zu verwechseln. Z. B. bei autistischen Störungen kann die Verunsicherung und Verzweiflung der Eltern eine Folge der Störung und nicht deren Ursache sein. Die Angst des Kindes vor Veränderung oder Andersartigkeit z. B. ist »vielleicht zu einer Angst der Eltern geworden oder gibt eine Angst wieder, die sie schon hatten.« (ebd., S. 403).

Garland hat posttraumatische Stressphänomene bei Menschen, insbesondere bei Eltern schwer gestörter, psychotischer und autistischer Kinder, beschrieben (Garland, 1991). Für sie steht es fest, dass diese Eltern einer persönlichen Katastrophe außerhalb der Erfahrung normaler Elternschaft ausgesetzt sind.

Derartige Ereignisse können sein:

- Traumatische Ereignisse in der Schwangerschaft, unter der Geburt und in der frühen Säuglingszeit,
- andere traumatische Ereignisse, die sich in dieser Zeit in unmittelbarer Nähe ereignet haben,
- der Augenblick der Realisierung, dass mit dem Kind »etwas nicht stimmt«,
- der Augenblick der Feststellung der »gesicherten Diagnose«,
- die Enttäuschung aller Wünsche und Erwartungen auf ein »normales Kind«,
- die permanente Anforderung, ein Leben mit einem »nicht-normalen« Kind führen zu müssen,
- das Erleben schwerer Schuld nach Unfällen.

Es ist damit zu rechnen, dass traumatisierte Eltern, die unter posttraumatischem Stress leiden, zu heftigen projektiven Identifizierungen neigen, um sich von Angst und Schreck zu entledigen (Bion, 1992). Die Eltern sind besonders misstrauisch, wird ihnen doch das Gefühl der Bestätigung durch das Kind nicht gegeben. »Diesen Eltern steht nicht die ganz normale Lehre zur Verfügung, durch die so viele normale Kinder ihre Eltern führen und die ihnen hilft bei ihrer Aufgabe, gute Eltern zu sein.« (Klauber, 1999, S. 404).

Für viele Eltern bedeutet Elternschaft auch die Wiederbelebung alter Traumatisierungen. Z. B. kann durch die Lebendigkeit und Körpernähe eines Kindes das Nervensystem eines Elternteils »nicht mehr mitkommen« und auf eine alte Traumareaktion (Flucht, Kampf, Erstarrung) zurückgreifen.

Ein Vater berichtete, dass er eine irritierende Entdeckung gemacht habe. Wenn sein dreijähriger Sohn »doofer Papa« rufe und trete oder mit seinen Fäustchen an sein Bein schlage, dann könne er sich nachher gut vergegenwärtigen, dass diese Schläge scherzhaft und nicht schmerzvoll seien. Für ihn aber in der unmittelbaren Situation sei es extrem anders. Er werde panisch, müsse aufpassen, nicht zu schreien oder zu schlagen. Er friere regelrecht ein und sei gefangen in einem Gefühl von Erniedrigung. Sein Vater habe ihn oft geschlagen, und er habe immer gedacht, das hätte ihm nichts ausgemacht.

Häufig ist es so, dass Eltern das Trauma in die nächste Generation weitergeben, wenn sie nämlich nicht innehalten können und schreien oder schlagen. Dann erleben sie die Abläufe als automatisiert und müssen ohnmächtig zuschauen, wie das gleiche Drama wieder und wieder abläuft. Die Abwehr dieses Erlebens von Ohnmacht und Schuld geschieht oft durch »blinden« Aktionismus. Das Trauma wird dann aller Wahrscheinlichkeit nach in die Generation der Kinder verlagert, ohne dass die Eltern und Kinder es loswerden.

3.5 Warum kommen Eltern so spät in die Sprechstunde des Kinder- und Jugendlichen-Therapeuten?

In der Kleinkind- und Vorschulzeit des Kindes können Schwierigkeiten und Probleme noch verleugnet werden. Diese Verleugnung wird manchmal von Kinderärzten und Lehrern mit guten Absichten noch verstärkt. Erst wenn die Eltern sich eingestehen können, dass es schlimmer statt besser wird und dass die oft impliziten Hilferufe des Kindes stärker werden, können sie um Hilfe ersuchen. In diesem Eingeständnis, nicht mehr weiter zu wissen, spielt das (unbewusste) Erleben von Ohnmacht, Schuld, Scham und Versagen und die Angst vor Beschädigung und Abwertung eine Rolle.

Besonders das Ohnmachts- und Hilflosigkeitserleben ist für Eltern schwer zu ertragen (Althoff, 2017). Normalerweise leben Erwachsene in ihrem Alltag in der Illusion, dass sie alle Bedürfnisse und Anforderungen des Lebens meistern können.

Stellen Sie sich vor, zwei Menschen freuen sich auf ein Baby und erwarten, dass sie jetzt alles besser machen können als ihre Eltern. In den Monaten der Schwangerschaft und den ersten Wochen nach der Geburt sind sie vielleicht berauscht von der Vorstellung und der Realität dieser ersten Zeit. Das Baby scheint die Ergänzung zu sein, die sie brauchen, um für immer glücklich zu werden. Die Eltern erwarten auf fast magische Weise, dass jetzt »alles« gut wird. Unbewusst meldet sich aber auch der ganze Schmerz über Enttäuschungen, Kränkungen und Hilflosigkeit aus der eigenen Kindheit wieder. Es ist (in unserer Gesellschaft) meist nicht im Bewusstsein der Eltern verankert, dass zu Beginn von Elternschaft möglicherweise das Bedürfnis da ist, den auftauchenden Schmerz und die Angst in den Armen einer geliebten Person zu erleben und sich gehalten zu wissen, so wie man es sich in den Armen der Mutter oder des Vaters gewünscht hätte. Anstatt dieses Bedürfnis zum Bewusstsein kommen zu lassen, erwartet man möglicherweise vom Baby das, was man als Kind nicht erhalten hat, z. B. Trost durch körperliche Nähe und Wärme ohne

Anspruchshaltung. Dabei kann das Bewusstsein verloren gehen, erwachsen zu sein und die Vergangenheit nicht ändern oder auslöschen zu können. Spätestens wenn das Baby älter wird und seine eigenen, von denen der Eltern abweichenden Bedürfnisse, zum Ausdruck bringt, löst sich die »Wolke 7« auf.

Im besten Fall sehen die Eltern das Kind als das, was es ist: Ein menschliches Wesen, das Versorgung und Zuwendung braucht und zwar auch dann, wenn einem einmal nicht danach ist, z. B. mitten in der Nacht, frühmorgens an einem Feiertag oder wenn man selbst etwas Anderes vorhat. Ist dieses reife Erleben nicht möglich, sucht man, um die Enttäuschung und Ohnmacht nicht fühlen zu müssen, nach Möglichkeiten, den eigenen inneren Schmerz weiter unbewusst zu halten. Möglicherweise besteht der Ausweg darin, den Partner oder aber das Baby zum Schuldigen zu machen. Die Gefahr ist groß nicht mehr zur Besinnung zu kommen, wenn man jetzt nicht nachdenken oder sich besprechen kann. Man verrennt sich eventuell in der Überzeugung, der Partner oder das Baby schulde einem all das, wonach man doch so sehnlich verlangt. Aus den unerfüllten Sehnsüchten nach Liebe, Wärme, Geborgenheit und Anerkennung wird eine verzweifelte Suche nach Linderung. Wenn sich das nicht zu realisieren scheint, versuchen es Eltern mit Aktionen wie z. B. aus Enttäuschung die Beziehung beenden, ein neues Baby zeugen, eine Affäre beginnen oder sich in den Beruf stürzen. Aus derartigen Situationen können auch Ideen entstehen, das Kind in ein Heim, ein Internat oder eine Wohngruppe zu geben. Manchmal werden auch die Ansprüche an den Partner oder das Kind einfach immer höher geschraubt und immer gewaltsamer kommuniziert. Oder anders herum verausgabt sich ein Elternteil oder verausgaben sich beide immer mehr darin, diese (der Phantasie nach unendlichen) Ansprüche befriedigen zu wollen und sich aufzuopfern, ohne dass das Kind, das mittlerweile vermutlich schon Symptome entwickelt hat, dies so gewollt hätte.

Das gesamte Repertoire eines möglicherweise jahrelangen Ausagierens und der Verleugnung der Eltern steht dann unter dem unbewussten Motto bzw. dem Schwur der eigenen Kindheit, sich nie wieder wie damals ohnmächtig fühlen zu wollen.

Erst wenn Eltern diesem Ohnmachtserleben, diesem Schmerz und dieser Hilflosigkeit nicht mehr ausweichen können, entschließen sie sich für eine eigene Therapie bzw. eine Paartherapie, suchen nach Therapiemöglichkeiten für das Kind und/oder die Familie oder nehmen Kontakt zu einer Erziehungsberatungsstelle auf.

Um diese dynamische Konstellation in der Psychotherapie verstehen, erleben und verändern zu können, braucht es ein starkes Bündnis und eine verlässliche und vertrauensvolle Zusammenarbeit in der Psychotherapie.

3.6 Warum kommen die Eltern mit dem Kind, warum gehen sie nicht selbst in Therapie?

Viele Eltern, die mit ihrem Kind in Therapie kommen, sind selbst strukturell oder neurotisch gestört, manche so stark, dass sie in keiner Erwachsenentherapie Aufnahme finden würden. Andere spüren, dass ihre eigenen Traumatisierungen nicht aufgearbeitet werden können oder mit einer Therapieaufnahme eine Dekompensation drohen würde. Wiederum andere spüren die heftigen Herausforderungen der eigenen Verwicklung in Macht- und Ohnmachtsszenarien der Vergangenheit und fühlen sich einer Auseinandersetzung nicht gewachsen. Natürlich gibt es auch Eltern, die ihre Beteiligung an den Schwierigkeiten aus narzisstischen Gründen leugnen. Wenn es gelingt, als Therapeut und im Bündnis mit den Bezugspersonen zusammen mentalisierend zu einem reflektierenden und empathischen Verständnis und Umgang mit diesen Herausforderungen zu kommen, können die Chancen der Elternarbeit zur Entfaltung kommen. Diese Ergebnisse können dazu beitragen, dass Eltern sich zu einer eigenen Therapie entschließen, denn die Elternarbeit kann natürlich kein Ersatz für eine Individualtherapie der Eltern sein.

3.7 Chancen für Kind und Eltern

Wenn Eltern, Großeltern und Urgroßeltern teils heftigen Entbehrungen und/oder Traumatisierungen ausgesetzt waren, und diese weitergereicht worden sind, so müssen die Auswirkungen der Entbehrungen oder Traumatisierungen erkannt werden. Die transgenerationale Perspektive kann hervorragend in der begleitenden Elternarbeit betrachtet und bearbeitet werden. Eltern können ermutigt werden, innerlich bewusst die Situationen aufzusuchen, die z. B. Wut, Hilflosigkeit, Kränkung oder Demütigung auslösen, um über diese Gefühle auf die Spur alter Szenarien zu kommen und damit Wiederholungen nicht zementieren zu müssen, sondern auflösen zu können. Darin liegt die Chance für psychodynamische Elternarbeit.

3.8 Kapitelabschluss

3.8.1 Zusammenfassung

Um die Bezugspersonen initial und erst einmal unabhängig von den aktuellen konkreten Problemen verstehen zu können, erscheint es bedeutsam, sich mit den inneren Voraussetzungen, mit denen Eltern zum Kinder- und Jugendlichenpsychotherapeuten kommen, zu beschäftigen. Zu diesen Voraussetzungen gehören die bewussten und unbewussten vergangenen Wünsche und Motive, ein Kind bzw. Kinder zu bekommen sowie die gleichzeitig vorhandenen Ängste und befürchteten Risiken einschließlich des Risikos, durch das eigene Kind traumatisiert werden zu können. Eltern kommen oft spät mit ihren Kindern in die Psychotherapie und zwar erst dann, wenn sie sich selbst eingestehen können, dass es schlimmer statt besser wird und dass die (impliziten) Hilferufe des Kindes stärker werden. In diesem Eingeständnis spielt das (unbewusste) Erleben von Ohnmacht, Hilflosigkeit, Schuld, Scham und Versagen und die Angst vor Beschädigung und Abwertung durch Außenstehende eine Rolle. Der Therapeut muss auf diese druckvolle dynamische Konstellation vorbereitet sein und sich dazu in der Lage fühlen, ein starkes Bündnis sowie ein verlässliches und vertrauensvolles *Containing* in der begleitenden Psychotherapie anbieten zu können.

3.8.2 Literatur zur vertiefenden Lektüre

Althoff, M.L. (2017). *Macht und Ohnmacht mentalisieren.* Heidelberg: Springer.
Fraiberg, S., Adelson, E. & Shapiro, V. (2003). Gespenster im Kinderzimmer. *Analytische Kinder- und Jugendlichen-Psychotherapie 34*, 465–504.
Klauber, T. (1999). Die Bedeutung des Traumas bei der Arbeit mit den Eltern schwer gestörter Kinder und Implikationen für die Arbeit mit den Eltern im Allgemeinen. *Analytische Kinder- und Jugendlichen-Psychotherapie 103*, 399–425.
Stern, D. N., Bruschweiler-Stern, N. & Freeland, A. (2000). *Geburt einer Mutter: Die Erfahrung, die das Leben einer Frau für immer verändert* München: Piper.

3.8.3 Weiterführende Fragen

- Welche auf das Kind gerichteten Wünsche, Ängste und Befürchtungen beschäftigen Eltern heute im Vergleich zur Großelterngeneration?
- Welchen Unterschied macht es für Psychotherapeuten, sich in einem Erstgespräch auf getrennt- oder zusammenlebende Eltern einzulassen?
- Wie wirkt sich das Alter der Eltern bei der Geburt des ersten Kindes auf deren Wünsche und Ängste aus?

4 Konzeptionelle Grundlagen der begleitenden Psychotherapie

> Im Bereich der Elternarbeit mangelt es an klaren Modellen und Techniken. Das ist problematisch, vor allem dann, wenn die Bezugspersonen selbst psychisch nicht gesund, sondern z. B. persönlichkeitsgestört, strukturschwach oder traumatisiert sind. Bezugspersonen müssen zudem oft zusätzlich mit belastenden Verhältnissen wie etwa Migration, Trennung und Scheidung oder schwierigen sozialen Verhältnissen umgehen. In diesem Kapitel werden konzeptionelle Grundlagen der begleitenden Psychotherapie dargelegt. U. a. wird erläutert, mit welchem therapeutischen Selbstverständnis ein Therapeut den Eltern begegnen sollte und welche Behandlungs-Modelle und -Techniken zur Anwendung kommen können.

4.1 Grundlagen des therapeutischen Selbstverständnisses

4.1.1 Elternschaft als normale Entwicklungsphase

Erik H. Eriksons siebte Stufe der psychosozialen Entwicklung, benannt »Generativität versus Stagnation«, betrifft das Erwachsenenalter. Generativität heißt, Liebe in die Zukunft tragen, für jüngere Generationen fürsorglich und fördernd tätig zu werden. Man schafft in diesem Altersabschnitt also etwas, was die eigene Existenz überdauern wird, häufig indem man sich um Kinder oder Enkelkinder kümmert, oder indem man etwas Positives schafft, das zum Wohle anderer ist. Es scheint ein Bedürfnis ungeachtet aller psychischen und kulturellen Gegenkräfte in jedem Menschen zu geben, etwas erschaffen zu wollen, dass über einen selbst hinaus geht, d. h. im psychischen Sinne schöpferisch zu werden. Wenn es gelingt Generativität und Stagnation in Einklang zu bringen, kann man einerseits das Gefühl genießen, gebraucht zu werden und für andere da zu sein, ohne sich andererseits selbst zu vergessen.

Insofern heißt Elternschaft nicht unbedingt eigene Kinder zu bekommen und großzuziehen.

Jedoch gehören Gebären und noch wichtiger die Kindererziehung zur Elternschaft im engeren Sinne. Novick und Novick unterscheiden Substufen von Elternschaft entsprechend den Entwicklungsstufen der Kinder (Novick & Novick, 2009). »Eltern auf progressivem Entwicklungsweg sind flexibel und können die Subphasen integrieren; anderen bereiten Fixierungen und Konflikte Schwierigkeiten.« (ebd., S. 32).

Als Psychotherapeuten müssen wir uns auf die unterschiedlichsten Familienkonstellationen vorbereiten. Zwar stellen verheiratete Eltern mit 69 % nach wie vor die größte Gruppe der Familienformen dar. Lebensgemeinschaften mit Kindern sind in 12 % der Konstellationen zu finden, nehmen jedoch weiter zu. Die Zahl der Alleinerziehenden ist in den letzten zehn Jahren ungefähr gleichgeblieben; ihr Anteil liegt bei 20 % (Familienreport des Bmfsfj, 2024, S. 38 ff.).

Es wird im Familienreport darauf hingewiesen, dass alleinerziehend nicht mit partnerlos gleichzusetzen ist. Alleinerziehend heißt, als ein Erwachsener mit Kind(ern) in einem Haushalt zu leben (Familienreport des Bmfsfj, 2024, S. 41).

Die Anzahl der Regenbogenfamilien hat laut Report deutlich zugenommen. 2023 gab es laut Mikrozensus 11.000 gleichgeschlechtliche Lebensgemeinschaften und 25.000 gleichgeschlechtliche Ehen mit minderjährigen Kindern (Familienreport des Bmfsfj, 2024, S. 48).

In unserer Praxis melden sich auch Personen mit unerfülltem Kinderwunsch an. Allein in Deutschland ist jedes sechste Paar ungewollt kinderlos, und viele nehmen bei der Erfüllung ihres Kinderwunsches die Hilfe der Reproduktionsmedizin in Anspruch. Im Jahr 2023 wurden vom

Deutschen IVF-Register e. V. 131.000 Behandlungszyklen registriert, ein Anstieg um drei Prozent im Vergleich zum Vorjahr. Stark angestiegen sind laut dieser Veröffentlichung Behandlungen mit Spendersamen, die vermehrt auch von Single-Frauen mit Kinderwunsch oder lesbischen Paaren genutzt werden.

4.1.2 Die Bedeutung der Eltern-Kind-Interaktion

In der Psychoanalyse war die Interaktion zwischen Kinderentwicklung und den begleitenden Elternfunktionen immer ein wichtiges Thema. Die interaktionelle Dimension der Eltern-Kind-Beziehung wird seit jeher untersucht, und die Betrachtung dieser Dimension spielt in der Elternarbeit eine entscheidende Rolle. Es wird konzeptionell davon ausgegangen, dass die Mitglieder einer Familie sich lebenslang beeinflussen, ob nun bewusst oder unbewusst, konstruktiv oder negativ.

Die aus der Kindheit resultierenden Selbst- und Objektrepräsentanzen haben eine prägende Auswirkung auf die Gestaltung des Erwachsenenlebens. Furman betrachtet die Eltern nicht als Störfaktor, sondern sieht eine enge Verflechtung, z. B. in der Beziehung von Mutter und Kind als »eine komplexe, überdeterminierte Interaktion, in der zwei eng miteinander verflochtene Persönlichkeiten einander auf unterschiedliche und in ständiger Veränderung begriffene Weise unbewusst ergänzen«. (Furman, 1995, S. 25). Diese Verflechtung von elterlicher und kindlicher Dynamik schließt m. E. Vorstellungen von kinder- und jugendtherapeutischen Interventionen ohne einen zumindest gedanklichen Einbezug der Eltern aus. Ebenso erscheint eine therapeutische Haltung wie z. B. »Anwalt des Kindes« zu sein nicht hilfreich, da eine einseitige Parteinahme immer Widerstand auf Seiten der Eltern erzeugt und suggeriert, die Eltern stünden auf der einen und Therapeut und Patient auf der anderen Seite, ähnlich zweier Parteien in einem Rechtsstreit (▶ Kap. 2.2.2).

4.1.3 Das therapeutische Bündnis mit den Eltern

Der Rahmen der Elternarbeit mit den Eltern und/oder wichtigen anderen Bezugspersonen umfasst auch die Herstellung und Aufrechterhaltung eines Bündnisses zwischen Therapeut und Bezugspersonen. Die Aufgabe, die sich damit stellt, ist je nach Behandlungsphase und Alter des Kindes verschieden (▶ Kap. 6).

»Die therapeutische Beziehung durch die Linse des therapeutischen Bündnisses zu betrachten bedeutet, die Analyse als eine Entwicklungserfahrung, an der das Kind und seine Eltern teilhaben, zu verstehen und zu operationalisieren.« (Novick & Novick, 2009, S. 35).

Das bedeutet auch, dass die Eltern als zu Behandelnde gesehen werden und dass ihnen ein therapeutisches Setting angeboten wird. Verheugt-Pleiter und Kollegen verstehen es so, dass Eltern mit einer Anfrage für eine Kindertherapie eigene Schwierigkeiten oder Unsicherheiten in ihrem Elternsein zum Ausdruck bringen und dafür ein therapeutisches Angebot brauchen:

> »A child's specific psychopathology is an important reason to request therapy for a child, but every time a child is registered, it can also be seen as an expression of problems experienced in parenting. It is often the parents who experience problems in their relationship with the child. When parents register a child, it should thus also be viewed as way of expressing their uncertainty about themselves as parents. From this point of view, it is the parent who asks for help as a parent. In response to this request, a therapeutic relationship is offered which has come to be called parent guidance« (Verheugt-Pleiter, Zevalkink & Schmeets, 2008, S. 69f.).

Ich werde im Folgenden von Bezugspersonen auch als Patienten sprechen. In der Richtlinienpsychotherapie gibt es immer einen Indexpatienten. Wenn eine Kinder- und Jugendlichen-Behandlung mit begleitender Elternarbeit durchgeführt werden soll, muss der Indexpatient natürlich ein Kind oder Jugendlicher sein. Jedoch stimme ich Burchartz zu, der schreibt: »Wenn ein Kind zum ›Patienten‹ wird und in psychotherapeutische Behandlung geschickt wird, stehen dahinter regelmäßig elterliche Wünsche, damit auch von eigenen ungelösten psychischen Konflikten entlastet zu werden, deren Lösung an das Kind delegiert wird. (…) Eine psychotherapeutische Behandlung des Kindes schließt deshalb immer auch die Eltern mit ein, die begleitend ›mitbehandelt‹ werden müssen.« (Burchartz, 2012, S. 48).

4.1.4 Behandlungsphasen

Die Arbeit mit den Eltern funktioniert meiner Erfahrung nach gut, wenn man den Verlauf der Behandlung allgemein unter einem entwicklungspsychologischen Fokus betrachtet. Mit diesem Fokus ist verbunden, in einer Psychotherapie verschiedene Entwicklungsphasen und -aufgaben zu formulieren und zu prüfen, inwieweit diese Aufgaben von den Patienten, (dem Kind und den Bezugspersonen), gemeistert wurden. Das bedeutet konkret, dass ich das Ergebnis meiner therapeutischen Interventionen zu jedem Zeitpunkt der Behandlung einschätze; ich nutze dazu die *Kontextanalyse* (▶ Kap. 4.2.3).

Novick und Novick wenden das Entwicklungskonzept auf den therapeutischen Prozess an, indem sie von Behandlungsphasen sprechen (Novick & Novick, 2009):

- Diagnostik- und Auswertungsphase,
- Phase der Vereinbarung des Rahmens,
- Anfangsphase der Psychotherapie,
- mittlere Therapiephase,
- Vorbereitung der Beendigung,
- Beendigungsphase.

Ich habe diese Phasen-Strukturierung, die eine übliche Aufteilung darstellt, als Überschriften für die Kapitel 5–10 übernommen, wenngleich ich die Phasen inhaltlich etwas anders fülle als Novick und Novick es tun. Allgemein jedoch gilt:

> »Jede Behandlungsphase hat einen spezifischen Kernkonflikt, der von jedem Beteiligten erlebt wird. Das Ich des Patienten muss diesen Konflikt lösen. Die Art und Weise, wie dies geschieht, gibt Besonderheiten der individuellen Biographie und des Funktionierens in der Gegenwart zu erkennen. Die Reaktionen des Analytikers wiederum unterscheiden sich je nach individueller Kompetenz, Ausbildung und theoretischer Orientierung.« (Novick & Novick, 2009, S. 35).

Da aber nach psychodynamischer Theorie alle mit den gleichen Kernkonflikten konfrontiert sind, kann ein Fokus der therapeutischen Beziehung die Betrachtung der Entwicklungsaufgaben sein, die sich jedem Patienten und jedem Therapeuten im Laufe der Zusammenarbeit stellen.

Der gemeinsame Blick auf diese Aufgaben und die Auseinandersetzung mit ihnen können zum entscheidenden Movens für die therapeutische Veränderung und die Wiederaufnahme von Weiterentwicklung aller Beteiligten werden. In der konkreten Ausgestaltung der Phasen zeigt sich:

> »wie wir die Eltern von Kindern und Jugendlichen für die therapeutische Arbeit gewinnen können, um auch ihnen Weiterentwicklung und Veränderung zu ermöglichen. (...) Die Bündnisaufgaben, die die Eltern in den verschiedenen Behandlungsphasen bewältigen müssen, geben sozusagen den Schauplatz ab, auf dem die Beeinträchtigungen der psychischen Elternschaft bearbeitet werden können.« (Novick & Novick, 2009, S. 36).

4.1.5 Die Aufgaben des Bündnisses

Parallel zu den spezifischen Aufgaben des Kindes in jeder Phase stellen sich den Bezugspersonen die folgenden Aufgaben:

- Diagnostik- und Auswertungsphase – von mir *Erkundungsphase* genannt: Aufgabe, zur eigenen Beteiligung bereit sein z. B. durch elterliche Sorge, gemeinsame Arbeit, Entwicklung von Zuversicht.
- *Phase der Vereinbarung des Rahmens*
Aufgabe: Für Zuverlässigkeit und Zuständigkeiten Verantwortung übernehmen.
- *Anfangsphase der Psychotherapie:*
Aufgabe: Die Beziehung des Kindes zum Therapeuten zulassen und die körperliche Trennung akzeptieren.
- *Mittlere Therapiephase*
Aufgabe: Die psychische Getrenntheit des Kindes akzeptieren und integrieren.
- *Vorbereitung der Beendigung*
Aufgabe: Verlust oder Verlustgefühle, die aufgrund des Therapieabschlusses entstehen, integrieren.
- *Beendigungsphase*
Aufgabe: Die Weiterentwicklung des Kindes anerkennen und selbst mitwachsen.

4.1.6 Die Zielsetzung

In der Elternarbeit verfolge ich entsprechend dem entwicklungspsychologischen Fokus erstens die Zielvorstellung, es dem Patienten und den Eltern zu ermöglichen, die progressiven Entwicklungslinien (Anna Freud) wiederaufzunehmen. Für die Eltern heißt das insbesondere, die progressive Entwicklungslinie der Elternschaft zu meistern.

Die zweite Zielvorstellung bezieht sich auf die (Wieder-)herstellung einer positiven Mutter-Kind- und Vater-Kind-Beziehung als einer lebenslangen Ressource für alle Beteiligten – auch für Jugendliche und junge Erwachsene. Das Ziel einer Kinder- und Jugendlichenpsychotherapie wäre in der Regel nicht vollständig erreicht, wenn nur das Kind seine Weiterentwicklung wiederaufnehmen kann.

4.1.7 Die Interventionen

Beeinträchtigungen in der Ausübung von Elternschaft werden als zu behandelnde Störungen betrachtet, die bei gegebener Umstellungsfähigkeit therapeutischer Behandlung zugänglich sind und für die es eine Behandlungsplanung braucht. Insofern ist es für psychodynamische Psychotherapeuten notwendig und sinnvoll, auch in der begleitenden Arbeit mit den Bezugspersonen bei Bedarf das gesamte theoretische und technische Repertoire der psychodynamischen Psychotherapie anzuwenden. Elternarbeit ersetzt oder beeinträchtigt aber keineswegs die individuelle Therapie (► Kap. 9), da die begleitende Therapie der Bezugspersonen sich auf die Beziehung zum Kind fokussiert und andere Schwierigkeiten nur insofern berücksichtigt, als sie für diese Beziehung relevant sind. Elternarbeit umfasst deshalb alle psychodynamischen Interventionen wie z.B. die Beachtung von und die Arbeit mit Übertragung und Gegenübertragung, das szenische Verstehen, die Analyse von Abwehrmechanismen, das Klären, Konfrontieren, Deuten, Rekonstruieren, die Genogrammarbeit/Familienstammbaumarbeit sowie unterstützende Interventionen.

Darüber hinaus möchte ich noch etwas ausführlicher die Konzepte anführen, mit denen ich zusätzlich in der Therapie arbeite, nämlich das

Mentalisierungskonzept, die *Theorie der unbewussten pathogenen Überzeugung* und die *Kontextanalyse.*

4.2 Spezielle Grundlagen der therapeutischen Interventionstechnik

4.2.1 Die Förderung von Mentalisierung

Die Fähigkeit, über sich und andere als Wesen mit geistig-seelischen Zuständen zu reflektieren, wird – wie berichtet – als Mentalisierung bezeichnet. Dass unterschiedliche Mentalisierungsfähigkeiten gravierende Auswirkungen auf die Flexibilität und Kompetenz im Umgang mit sich selbst und anderen haben können, ist unmittelbar einleuchtend. Eine hohe Mentalisierungsfähigkeit scheint vorteilhaft zu sein für ein Verständnis von Beziehungssituationen und -konflikten. Verheugt-Pleiter und Kollegen umreißen das Feld in seinen wesentlichen Punkten:

> »If a parent mentalizes, the meaning of behaviour can be discussed, while if a parent has a mental process disorder, the behaviour is perceived quite concretely and equated with the emotional inner world. With parents it is –just as we saw when talking about the disorders of children- also no clear demarcation line between problems with mental processes or representations. The ability to mentalize will depend on the level of stress and type of circumstances and can be partial or total.« (Verheugt-Pleiter, Zevalkink & Schmeets, 2008, S. 71).

Insofern kann der Einbezug von Techniken der Anregung und Förderung von Mentalisierung in die begleitende Psychotherapie als wichtige Bereicherung angesehen werden. Der Einbezug ist besonders angezeigt bei Eltern mit niedrigen Funktionsniveau, bei denen nicht auf symbolischer Ebene gearbeitet werden kann, Es wird bewusst wenig komplex interveniert.

Hier eine kleine Auswahl konkreter Techniken:

- »Stop and Stand«-Technik:
  Innehalten in emotional aufgeladenen Situationen (Pausenknopf) wird initiiert.
  Therapeut: »Sie sagen: Mein Kind kommt immer zu spät. Vielleicht können wir uns eine aktuelle Situation anschauen und kurz innehalten. Ich frage mich: ›Vielleicht gab es da einen wichtigen Grund. Was könnte passiert sein?‹«
- Markierte Spiegelung:
  Gefühle des Gegenübers werden benannt und gespiegelt; dabei wird deutlich gemacht, dass es sich um eine Vermutung handelt.
  Psychotherapeut: »Ich habe den Eindruck, Sie sind gerade sehr frustriert?«
- Exploration alternativer Perspektiven:
  Gemeinsames Nachdenken über verschiedene Sichtweisen und Entwicklung multipler Hypothesen statt vorschneller Schlüsse wird angeregt.
  Psychotherapeut: »Wie könnte die Situation aus Sicht Ihrer ehemaligen Frau aussehen?«
- Fokus auf mentale Zustände:
  Explizites Ansprechen von Gedanken, Gefühlen, Wünschen sowie Herstellung von Verbindungen zwischen Verhalten und inneren Zuständen wird initiiert als Förderung der Selbstreflexion
  Psychotherapeut: ›Können Sie beschreiben, was das in Ihnen auslöst, wenn Ihr Partner mit Ihrem Sohn schimpft? Und Sie (zum anderen Partner) – was geht in Ihnen vor, wenn Sie mit Ihrem Sohn schimpfen?‹«
- Emotionale Validierung:
  Anerkennung der subjektiven Erlebenswelt der Eltern und Vermittlung von Verständnis für emotionale Reaktionen stärkt das Selbstverständnis der Eltern.
  Psychotherapeut: »Ich verstehe, dass Sie Angst haben, wenn Ihr Kind nicht zur Schule geht. Ich kann auch Ihre Sorge nachvollziehen, wie es weitergehen soll.«

4.2.2 Die Arbeit an der unbewussten pathogenen Überzeugung

Die Control-Mastery-Theorie (Weiss,1993) ist eine in San Francisco entstandene Theorie der Psychoanalyse. Die Theorie fußt auf der Annahme, dass alle Menschen in der Kindheit unbewusste Schemata erwerben. Jeder tritt mit entsprechend des Schemas organisierten, unbewussten Befürchtungen und Erwartungen in die therapeutische Behandlung und organisiert die Wahrnehmungen dann gemäß dieser unbewussten Schemata.

Sind diese Schemata pathogen, so fürchtet der Patient unbewusst, dass eine Erreichung der angestrebten Psychotherapie-Ziele ihn selbst oder andere, z. B. die Bezugspersonen, gefährden könnten (vgl. Albani, Blaser, Geyer & Kächele, 1999).

Wenn die Patienten hochmotiviert sind, ihre Probleme zu lösen und ihre Symptome zu verlieren, werden sie die pathogenen Überzeugungen durch drei Arten von Bewährungsproben kontinuierlich in der Therapiesituation am Therapeuten überprüfen und zwar durch *Übertragungstests*, *Planzustimmungstests* und *Passiv-in-aktiv-Tests*. Die Aufgabe des Therapeuten liegt daher in der Unterstützung des Patienten bei der Widerlegung der pathogenen Überzeugungen in der Therapiesituation.

Beispiel für einen Übertragungstest

Eine Mutter hat – -nach eingehender Reflexion der Psychotherapeutin – vermutlich die unbewusste Überzeugung, »wenn ich (als Mutter) nicht perfekt bin, werde ich bestraft, weil ich nichts wert bin.« Sie fragt die Psychotherapeutin ihres Sohnes nach Strategien und Tipps, wie sie mit erzieherischen Alltagssituationen besser umgehen könne. Zunächst fühlt sich die analytische Psychotherapeutin unter Druck und würde am liebsten diese Fragen konkret und direkt bedienen. In zweiter Linie erwägt sie, ob sie die Mutter fragen könne, was diese denn selbst meine, was »ein besserer Umgang« sein könne. Dann besinnt sich die Psychotherapeutin auf die vermutete unbewusste pathogene Überzeugung der Mutter und fragt sie: »Haben Sie denn den Eindruck, dass sie immer noch besser werden müssen?« Die Mutter antwortet: »Ja, ich denke halt, mir fehlt Wissen und Erfahrung, und irgendwie geht es auch so langsam voran. (kurze Pause) Vielleicht denken Sie ja, dass ich es sowieso nicht bringe.« Die Psychotherapeutin besteht diesen Test, indem sie die Mutter in ihren Bedenken spiegelt, aber deutlich macht, dass der Wunsch nach mehr Fortschritt in immer kürzerer Zeit nicht von ihr geteilt wird und von ihr kein Druck ausgeht.

Beispiel für einen Planzustimmungstest

Ein Elternpaar agiert wiederholt in einer Weise, dass der Psychotherapeut die These hat, dass beide eine gemeinsame pathogene Überzeugung inszenieren, »wir sind abhängig von anderen; wir dürfen keine eigenen Entscheidungen treffen«. Daraus ergibt sich der unbewusste Plan, in der Elternarbeit das Ziel erreichen zu können, auch eigene, unabhängige Entscheidungen treffen zu können. Der Psychotherapeut beginnt, seine These irgendwann mitzuteilen, indem er sagt: »Mein Gefühl ist, dass sie mir immer zustimmen, egal welche Gedanken, Gefühle oder Vorschläge ich äußere«. Der Vater meint: »Na ja, Sie sind ja der Experte, Sie wissen ja, wo es langgeht«. Der Psychotherapeut besteht diesen Test, indem er entgegnet: »Aber Sie haben auch eine Einschätzung der Situation, und oft haben Sie mir auch verdeutlicht, dass ich bestimmte Details Ihrer häuslichen Situation noch nicht bedenken konnte. Vielleicht wird sich in Zukunft ja auch mal herausstellen, dass Sie eine Ihrer Entscheidungen für besser halten als die, die Sie glauben, dass ich sie wählen würde.« Die Mutter reagiert relativ erstaunt: »Das kann ich mir noch nicht vorstellen.«

Beispiel für einen Passiv-in-aktiv-Test

Ein Vater unterbricht die Therapeutin mehrmals scharf, wenn diese Gefühle äußern oder explorieren möchte. Da der Vater nicht so wirkt, als könne er sein Gefühlsleben gar nicht wahrnehmen, hegt die Therapeutin den Verdacht, dass der Vater sich ihr gegenüber so harsch verhält, wie er es selbst mit seinen Eltern erlebt hatte, die ihn nie nach seinen Gefühlen aktiv gefragt, ihn vielmehr in gefühlshaften Äußerungen stark abgewertet und eingeschränkt hatten. Die Psychotherapeutin deutet dem Vater, dass er die Rolle seiner Eltern einnehme und wohl damit inszenieren wolle, dass sie sich fühle wie er als Kind, und dass er wissen wolle, ob sie eine andere Lösung finden könne, als ihre Gefühle zu unterdrücken. Das nachfolgende therapeutische Geschehen besteht im Durcharbeiten dieses projektiv-identifikatorischen Prozesses.

4.2.3 Die Kontextanalyse

Wie ich an anderer Stelle (Althoff, 2009, 2013, 2017) ausführlich beschrieben habe, arbeite ich mit dem kontextanalytischen Vorgehen der adaptiven Psychoanalyse (z. B. Langs, 2004). Dabei ist die Frage leitend, wie ich als Psychotherapeutin erfassen kann, welche meiner Interventionen *vom Patienten selbst* bewusst und unbewusst hilfreich oder negativ bewertet werden, welche Interventionen seinen (unbewussten) Prinzipien und seiner Ethik entsprechen und zu seiner Gesundung beitragen können.

Mit dem kontextanalytischen Vorgehen untersucht man die ersten abkömmlingshaften Reaktionen des Patienten nach einer Intervention des Psychotherapeuten auf

1. Themen, die positiv und bestätigend oder negativ und nicht-bestätigend sind und
2. Hinweise darauf, ob diese Intervention die unbewussten Einsichten des Patienten und Therapeuten ausweiten konnte (vgl. Langs 2004, S. 158).

Danach wird beurteilt, ob von einer Validierung oder Falsifizierung (auch Mischformen zählen zur Falsifizierung) der Intervention ausgegangen werden kann.

Nach Langs gibt es zwei Kriterien für *Validierung* (Langs, 1982):

a) *Interpersonelle Validierung* (Langs, 1982, 2004): In den Reaktionen des Patienten kommt zum Ausdruck, dass er oder sie ein Erlebnis von Verstanden-sein, guter Zusammenarbeit und Nähe hatte. In den Erzählungen und Einfällen tauchen z. B. Menschen auf, die verständnisvoll, klug, unterstützend und hilfreich sind sowie Erinnerungen an geschätzte Lehrer, einen kompetenten Arzt oder liebe Freunde. In Anlehnung an Stern et al. kann eine »Vitalisierung« beobachtet werden (Stern et al., 2012, S. 258). Eigene Untersuchungen deuten darauf hin, dass auch eine Zunahme des Sicherheitsgefühls zu verzeichnen ist (Althoff, 2009).

b) *Kognitive Validierung* (Langs, 1982, 2004): In den Einfällen des Patienten kommt zum Ausdruck, dass die Gruppierung des Materials durch den Therapeuten stimmig war und neue Sinnzusammenhänge eröffnet hat. Kognitive Validierung wird angezeigt durch Erzählungen, die neue Aspekte der Symptomatik oder der Widerstände des Patienten eröffnen, und zwar unerwartet für beide Seiten (vgl. Langs 2004, S. 161).

Nach Langs wird *Nicht-Validierung oder Falsifizierung* repräsentiert

a) *interpersonell* auf drei Arten durch
  – das Fehlen von Einfällen, Geschichten oder Berichten,
  – durch das Fehlen positiv getönter Bilder,
  – durch negativ getönte Themen wie z. B. Leute, die arrogant, verständnislos, egoistisch sind,
b) *kognitiv* durch die Abwesenheit von neuem erkenntnisreichem Material (Langs, 1982).

Bei nicht-validierenden Reaktionen (und Mischformen) sollten der Kontext und die Interpretation noch einmal überdacht werden und zwar unter Einbeziehung der neuen Informationen aus der nicht-validierenden Reaktion des Patienten.

Indem man sich in der begleitenden Psychotherapie der Bezugspersonen in einem kontinuierlichen Prozess von Intervention, Validierung oder Nicht-Validierung, anschließender Bestätigung oder Korrektur, erneuter Intervention, usw. befindet und meist immer mehr an Hintergründen versteht und besser zusammenarbeiten kann, können Validierungen häufiger und tiefgründiger werden, und auf die Dauer durch positive Introjektbildungen symptomfreieres Erleben und stärkende Bilder und Erzählungen ermöglichen.

Fallbeispiel für eine Kontextanalyse

Eine Bezugsperson beteuerte, dass es »kein Problem« sei, dass der Psychotherapeut sich vor der Sitzung in Sichtweite mit einer anderen Person unterhalten hatte und etwas zu spät kam. Sie erzählt dann: »Auf dem Weg zu Ihnen wollte ich noch einen Kaffee trinken. Eigentlich hatte ich genug Zeit. Die Bedienung kam aber so spät und wirkte unmotiviert, dass ich mich unwohl gefühlt habe. Ich habe dann mitbekommen, dass sie sich mit einem anderen Gast lange und freundlich unterhalten hat. Ich konnte nur einen Coffee to go mitnehmen. Ich wollte ja pünktlich zu Ihnen kommen.« Wie erwähnt betont Langs (2004), dass solche Narrative meist präziser und wichtiger sind als die direkten Rückmeldungen des Patienten.

Nach Langs könnte das Narrativ der Bezugsperson (»spät, unmotivierte Bedienung, andere werden freundlicher behandelt«) eine verschlüsselte Rückmeldung an den Therapeuten sein über dessen mögliche Rahmenverletzungen (Unpünktlichkeit, mangelnde Aufmerksamkeit oder Bevorzugung anderer) und den Stand der Beziehung (es ist ungleich, ich wollte pünktlich sein). Die Bezugsperson übernimmt hier unbewusst eine supervisorische Funktion, indem sie durch ihr Narrativ dem Therapeuten mitteilt, wo dieser nach unbewusster Auffassung der Bezugsperson zu weit von der professionellen Haltung abgewichen ist.

In den Kapiteln Anfangs-, mittlere und Beendigungsvorbereitungs-Phase (▶ Kap. 7, ▶ Kap. 8, ▶ Kap. 9) gebe ich jeweils ein weiteres Beispiel für Vorgehen und Methode zu 4.2.1, 4.2.2 und 4.2.3.

Im folgenden Kapitel wird es darum gehen, wie die begleitende Elternarbeit konkret in der Diagnostik- und Auswertungsphase bzw. Erkundungsphase auf den Weg gebracht werden kann.

4.3 Kapitelabschluss

4.3.1 Zusammenfassung

> Als eine der konzeptionellen Grundlagen der begleitenden Psychotherapie kann die Annahme eines grundlegenden Konfliktfeldes der Elternschaft von Generativität versus Stagnation gelten, das im besten Fall in Einklang gebracht werden kann. Des Weiteren wird von der Annahme ausgegangen, dass die Verflechtung von elterlicher und kindlicher Dynamik Vorstellungen von Interventionen in der Therapie mit Kindern, Jugendlichen und jungen Erwachsenen, ohne zumindest einen gedanklichen Einbezug der Eltern, ausschließt. Die Analyse wird als eine Entwicklungserfahrung, an der das Kind und seine Eltern teilhaben, verstanden und operationalisiert. Es werden sechs Entwicklungs-Phasen formuliert, die in den Kapiteln 5–10 expliziert werden. Grundsätzlich haben Eltern die progressive Entwicklungslinie der Elternschaft zu meistern und zudem die (Wieder-)herstellung einer positiven Mutter-Kind- und Vater-Kind-Beziehung als einer lebenslangen Ressource für alle Beteiligten. Angesichts dieser anspruchsvollen Zielvorstellung erscheint es notwendig und sinnvoll, auch in der begleitenden Arbeit mit den Bezugspersonen bei Bedarf das gesamte theoretische und technische Repertoire der psychodynamischen Psychotherapie anzuwenden, z. B. die *Control-Mastery-Theorie*, die *Adaptive Psychoanalyse*, die *Mentalisierungstheorie*.

4.3.2 Literatur zur vertiefenden Lektüre

Albani, C., Blaser, G., Geyer M. & Kächele, H. (1999). Die »Control-Mastery« Theorie – eine kognitiv orientierte psychoanalytische Behandlungstheorie von Joseph Weiss. *Forum der Psychoanalyse 15*, 224–236.

Langs, R.J. (2004). *Fundamentals of Adaptive Psychotherapy and Counselling.* New York: Palgrave.

Verheugt-Pleiter, A. J. E., Zevalkink, J. & Schmeets, M. G. J. (Hrsg.). (2008). *Mentalization in Child Therapy.* London: Karnac.

4.3.3 Weiterführende Fragen

- Welche Unterschiede in der eigenen Betroffenheit sind bei Bezugspersonen zu beobachten, je nachdem ob sie die leiblichen, Pflege- oder Adoptiveltern sind?
- Welche Herausforderungen stellen die Bündnisaufgaben für den Therapeuten dar?
- Welche Bedeutung hat die Vorstellung, auch mit den Bezugspersonen ein therapeutisches Bündnis einzugehen?

5 Die Erkundungsphase

> In der Erkundungsphase, in der auch die Diagnostik und Auswertung der Untersuchung des Kindes oder Jugendlichen stattfindet, versuchen die Bezugspersonen, das Kind oder der Jugendliche und der Therapeut herauszufinden, welche Art von Hilfe für wen geeignet sein könnte. In vielen Fällen gelangen die Beteiligten zu dem Schluss, dass das Problem tiefere Ursachen hat und es eine Vorgeschichte dazu gibt. Dann kann eine Empfehlung für psychodynamische Psychotherapie mit Einbezug der Eltern ausgesprochen werden. Die in dieser Phase von den Eltern zu meisternden Aufgaben werden dargestellt.

Mit diesem Kapitel beginnt die allgemeine Konzeptualisierung von Elternarbeit, die unabhängig von einer bestimmten Theorierichtung oder Interventionstechnik angewendet werden und praxisleitend sein kann. Diese Konzeptualisierung der Phasen von der Erkundungsphase bis zur Beendigungsphase umfasst die Kapitel 5–10. Aus Gründen der besseren Lesbarkeit spreche ich vom Kind der Bezugspersonen statt immer »das Kind, der Jugendliche oder junge Erwachsene« zu schreiben. Im individuellen Fall werde ich in Abhängigkeit vom Alter den Patienten als Kind oder Jugendlichen (ab 14 Jahre) oder jungen Erwachsenen (ab 18 Jahre) bezeichnen.

Die Erkundungsphase, in der auch die Diagnostik und Auswertung der Untersuchung des Kindes durchgeführt wird, kann krankenkassenfinanziert erfolgen. Als therapeutische Sprechstunde mit bis zu 5 Sitzungen à 50 Minuten oder 10 Sitzungen à 25 Minuten, als Akutbehandlung mit bis zu 12 Sitzungen für den Indexpatienten und in der Regel 3 Sitzungen der

Bezugspersonen sowie in der Richtlinienpsychotherapie als probatorische Phase (probatorisch: zur Klärung einer Diagnose versuchsweise durchgeführt) mit 2–6 Sitzungen zur Einleitung einer Kurzzeit- oder Langzeitpsychotherapie (Stand April 2017). Die Erkundungsphase kann aber natürlich auch selbst finanziert sein und aus einer beliebigen Anzahl von Sitzungen bestehen. Ich habe mich in diesem Buch für den Begriff Erkundungsphase und nicht etwa Diagnostik- oder Einleitungsphase entschieden, um zu betonen, dass es im Gespräch mit den Bezugspersonen anfangs nicht um die Frage geht, ob das Kind an einer krankheitswertigen Störung leidet und eine Kinder- und Jugendlichenpsychotherapie durchgeführt werden sollte, sondern zuallererst darum, einen Eindruck von den Bezugspersonen zu gewinnen. Es ist zu klären, ob eine gemeinsame Arbeitsbeziehung eingeleitet werden kann, welche Ängste und Widerstände die Eltern bewegen, welche Unterstützung sie ihrem Kind geben können. In dieser ersten Phase ist auch zu erkunden, ob die Eltern für eine eventuell anstehende Arbeit bereit sind. Es sei noch einmal darauf hingewiesen, dass Behandlungen, die von den Bezugspersonen nicht ausreichend gewünscht sind, oft zum Scheitern verurteilt sind

Es ist angesichts des komplexen Beziehungsgeschehens in der Kinder- und Jugendlichenpsychotherapie nicht möglich, hier alle denkbaren Konstellationen der Erstkontaktaufnahme und des Erstgespräches zu benennen und zu diskutieren. Ich beschränke mich auf häufig vorkommende Situationen mit dem Ziel, meine Haltung zu verdeutlichen, mit der ich auf die Eltern in der ersten Phase bzw. dem ersten Kennenlernen zugehe. (weiterführend etwa Burchartz, 2012, Heinemann & Hopf, 2015).

5.1 Erste Kontaktaufnahme

In der Kinder- und Jugendlichen-Psychotherapie ist es gewöhnlich so, dass sich eine Bezugsperson initial telefonisch meldet. Damit beginnt dann die Elternarbeit. Der Therapeut versucht nun – ob sofort oder in einem eventuellen Rückruf – sich einen Überblick zu verschaffen und u. a. folgende Fragen zu klären:

- Was ist der Grund des Anrufes der Bezugsperson (evtl. des Patienten)?
- Warum ruft die Person gerade jetzt an?
- In welcher Beziehung steht diese Person zum Kind (z. B. leibliche oder Adoptivmutter)?
- Handelt es sich um eine Notsituation?
- Geht es um ein emotionales/psychotherapeutisches Problem oder ist ein anderer Experte (z. B. Mediziner, Pädagoge) zuständig?
- Worüber macht die Person sich Sorgen?
- Ggf.: Wer hat das Sorgerecht?
- Wer hat die Person an die Praxis verwiesen bzw. hat eine Empfehlung ausgesprochen?
- Hat die Bezugsperson die Vorstellung, dass sie selbst auch beteiligt werden sollte?

Zum Abschluss des Telefonats werden erste Rückmeldungen und Informationen gegeben. Es wird auch vereinbart, welche Schritte als nächstes kommen. Explizit bezieht sich der Psychotherapeut dabei auf den Wunsch der Bezugsperson(en), für das Kind Hilfe zu bekommen und als Eltern das Beste dafür zu geben. Implizit wird auch auf die Ebene der Sorgen, der Ambivalenz und Schuldgefühle der Eltern bzw. Bezugsperson(en) Bezug genommen.

Die Rückmeldungen können z. B. darin bestehen, dem Anrufenden zu versichern, dass man verstehen könne, dass er sich Sorgen mache. Man kann erklären, dass man den Schwierigkeiten gemeinsam auf den Grund gehen könne. Oft macht es auch Sinn, schon in diesem ersten Kontakt zu signalisieren, dass keineswegs klar ist, dass eine Therapie angezeigt ist, dass vielmehr alle Möglichkeiten gemeinsam erwogen werden müssten.

Dann kann man das Angebot einer »Erkundungsphase« von zunächst z. B. 5 Sitzungen unterbreiten. Wenn dieses Angebot angenommen wird, ist es sinnvoll zu fragen, ob eine Kostenübernahme durch eine Krankenkasse gewünscht wird. Je nachdem, welche Informationen die Kontaktperson gibt, kann man allgemeine Fragen zur Kostenübernahmeregelung beantworten. Für die kassenfinanzierte Behandlung ist nur die Information notwendig, dass für die Erkundungsphase zunächst die Versicherungskarte des Kindes notwendig ist und dass im Fall einer längeren Therapie weitere Formalitäten sowohl auf das Kind als auch auf die Bezugspersonen zukommen. Im Fall einer privat finanzierten Therapie wird über die zu erwartenden Kosten und die Zahlungsweise informiert. Abschließend wird ggf. ein weiteres Telefonat oder ein erster Termin vereinbart.

Mit wem sollte man sich zuerst verabreden? Einige Therapeuten vertreten die Meinung, zum ersten Gespräch sollten Eltern und Kind zusammen kommen und dann überlegen, wie es weitergehen soll (z. B. Kahl-Popp, 2009). Andere folgen einer anderen Idee, nämlich zunächst den Eltern Gelegenheit zu geben, ihre Sorgen und Probleme zu berichten, ohne Rücksicht nehmen zu müssen, was das Kind aushalten kann bzw. hören darf (z. B. Burchartz, 2012). Beide Ansätze haben Vor- und Nachteile. Auch der Mittelweg, mit dem Anrufer zu besprechen, was wohl am geeignetsten sei, kann nachteilig sein. Aber es gibt so viele Familien- und Lebens-Konstellationen, von denen die Variante »Zusammenleben von leiblichen Eltern und Kind« in der Psychotherapie nicht die häufigste darstellt, dass es auch Vorteile hat, es zumindest beim ersten Mal den Bezugspersonen zu überlassen, in welcher Konstellation sie kommen.

5.2 Erstes Gespräch mit den Eltern (ggf. im Beisein des Kindes oder der Kinder)

Nach der Begrüßung leitet der Psychotherapeut das Gespräch ein mit der Nennung des zeitlichen Rahmens und der Information über Schweigepflicht und Vertraulichkeit. Man kann die Bezugspersonen bitten, möglichst frei und offen zu berichten, was ihnen einfällt (Grundregel der freien Assoziation) (Althoff, 1999, 2007). Die Tatsache, dass es um Probleme des Kindes bzw. mit dem Kind geht, strukturiert die Themenauswahl automatisch. Es wird empfohlen, im Erstgespräch ansonsten wenig zu strukturieren und eine Haltung von gleichschwebender Aufmerksamkeit einzunehmen, damit implizit die Haltung von Neutralität und Abstinenz zur Geltung kommen und der Therapeut erfahren kann, wie die Bezugspersonen darauf reagieren. Gleichzeitig wird es so möglich, eine »Szene« entstehen zu lassen, die helfen kann, die unbewusste Dynamik der Begegnung und möglicherweise auch der Problematik allgemein zu verstehen. (Argelander, 1970, Eckstaedt & Klüwer, 1980, Klüwer, 1983, 1995, Windaus, 1999). Ein Nebeneffekt dieser Haltung in der ersten Sitzung ist, dass der Therapeut selbst wenig abgelenkt ist durch Gedanken an die Erledigung von Aufgaben wie z.B. Anamneseerhebung, Diagnose- und Indikationsstellung. Er kann dann versuchen, sich so weit wie möglich innerlich für die kommenden Eindrücke und Informationen zu öffnen, z.B. kann er:

- Informationen sammeln, die spontan gegeben werden,
- die Bezugsperson(en) kennenlernen,
- einen Eindruck der inneren und ggf. äußeren Beziehung zum Kind gewinnen,
- einen Eindruck der inneren und ggf. äußeren Beziehung zum Partner gewinnen,
- Kenntnis erlangen, ob es schon andere Lösungsversuche gegeben hat,
- Hinweise auf Ambivalenz des Konsultationswunsches wahrnehmen und beantworten,
- Hinweise auf Schuldgefühle der Bezugspersonen wahrnehmen und beantworten,
- Hinweise auf emotionale »Fragilität« der Bezugspersonen wahrnehmen und beantworten,
- Informationen relativieren, um das problematische vom normalen Chaos einer Familie zu unterscheiden,
- Hinweise auf ihre Motivation erkennen und darauf eingehen,
- die Reflexionsfähigkeit bzw. Mentalisierungsfähigkeit der Bezugspersonen einschätzen und prüfen,
- seine Gegenübertragung beobachten und ansatzweise verarbeiten,
- die gegenseitige Sympathie einschätzen,

- die Botschaft vermitteln, dass Mitarbeit und Kooperation der Bezugspersonen erwartet wird,
- sich als »Gefühlsvermittler« anbieten.

Zum Abschluss wird gemeinsam beratschlagt, was als Nächstes angezeigt erscheint. Z. B. könnte ein zweites Gespräch mit den Eltern allein oder ein Gespräch mit dem Kind allein als sinnvoll erachtet werden. Gleichzeitig wird meist besprochen, dass es aus Zeitgründen hilfreich ist, einen Fragebogen auszufüllen, der bei Jugendlichen mit diesen zusammen ausgefüllt und bei getrennt lebenden Eltern in zweifacher Form bearbeitet werden kann. Implizit wird auch mit dieser Maßnahme wieder signalisiert, dass man die Mitarbeit der Eltern wünscht. Insgesamt ist in dieser Phase viel Empathie notwendig, da es für die Bezugspersonen vermutlich zunächst nicht selbstverständlich ist, dass von ihnen eine so aktive Mitarbeit erwartet wird. Insofern ist es für den Fall, dass man einen Fragebogen einführt, wichtig, einfühlsam und gleichzeitig bestimmt zu vermitteln, dass es ohne Fragebogen nicht weitergeht. Ggf. kann man das Angebot machen, gemeinsam zu bearbeiten, was z. B. aus Verständnisgründen oder Sprachproblemen nicht vollständig ausgefüllt werden konnte.

Mit dem Fragebogen ist gewährleistet, dass

- eine reiche Informationsgrundlage geschaffen wird,
- die Eltern eine ihrer Rollen, die der *Informationsgeber*, kennenlernen,
- darüber informiert wird, dass die Vergangenheit für bedeutsam erachtet wird,
- ein umfassendes Interesse des Therapeuten erlebt wird, ein Bewusstsein dafür entsteht, dass es auch um das Zustandekommen der Probleme geht, nicht nur um das momentane Zustandsbild.

5.3 Zweites und weitere Erkundungsgespräche

Die Weiterarbeit in der Erkundungsphase findet dann meist mit etwas stärkerer Strukturierung sowohl auf der organisatorischen Ebene als auch auf der inhaltlichen Ebene statt. Die stärkere Strukturierung ist nötig, wenn die Kostenübernahme durch eine Krankenkasse oder Beihilfestelle erreicht werden soll, um die organisatorischen Notwendigkeiten in der zur Verfügung stehenden Zeit erledigen zu können. In diesem Fall sind die Informationen über die Kostenübernahmemöglichkeiten und das Antragsverfahren zu geben. Wichtig ist, dass die Bezugspersonen verstehen, dass es auch von ihrer Mitarbeit abhängt, wie lange die Pause zwischen Therapieentschluss und -beginn sein wird. Im Gespräch über die Formalitäten werden sich automatisch weitere Settingsfragen ergeben, die, soweit es schon sinnvoll erscheint, konkret beantwortet werden können. Z.B. ergeben sich hier manchmal schon die Fragen nach Urlaubsabsprachen oder Bereitstellungshonorarregelungen, die natürlich beantwortet werden können. Ebenso häufig werden aber auch schon die Fragen nach Intensität, Frequenz und Länge einer eventuellen Therapie gestellt, die m. E. zu diesem Zeitpunkt noch zurückgestellt werden sollten.

Wichtig erscheint aber auch, bei allem Engagement und Eifer auf der organisatorischen Ebene, dennoch die inhaltliche Arbeit mit den Bezugspersonen im Fokus zu halten. Auf der inhaltlichen Ebene steht an, die Elternbeteiligung als festen Bestandteil nicht aus den Augen zu verlieren. Es empfiehlt sich, die Eltern zu ermuntern, die Fragen zu stellen, die sie mitbringen, und sie zu ermutigen, ihre Vermutungen über die Ursachen der Schwierigkeiten zu äußern. In vielen Fällen kann man vorschlagen: »Vielleicht reicht es zunächst, wenn *wir* miteinander sprechen, damit wir herausfinden, ob das schon genug ist oder ob ihr Kind Therapie braucht.«

Manchmal kommt es dann gar nicht zur Therapie mit dem Kind. Zum Beispiel schildern die Eltern der 5-jährigen Laura im Erstgespräch, ihre Tochter komme jede Nacht zu ihnen ins Bett, und sie lasse sich nicht davon abbringen. Im weiteren Verlauf des Gesprächs wird deutlich, dass die Eltern das »Problem« sehr unterschiedlich definieren. Der Vater fühlt sich gestört und meint, ein 5-jähriges Kind müsse schon im eigenen Bett schlafen können. Die Mutter hat die Tochter eigentlich ganz gern bei sich, ist mit der Tochter sehr identifiziert und fühlt sich durch den Ärger des Mannes in der Zwickmühle.

Auf Wunsch der Eltern gibt es eine Sitzung mit dem Kind, um zu bestätigen, dass mit Laura alles in Ordnung und altersgemäß ist. Die Eltern kommen insgesamt fünf Mal, um ihre unterschiedlichen Erziehungsvorstellungen auszutauschen und ihre Streitkultur als Eltern und als Paar zu überdenken.

Auch bei Fragestellungen bezogen auf Jugendliche kann es dazu kommen, dass nur mit den Bezugspersonen und über die Bezugspersonen gearbeitet wird. Ein Adoptivelternpaar z. B. kommt mit der 17-jährigen Tochter Katie. Katie stellt sofort zu Beginn fest, sie habe kein Problem und brauche keine Therapie. Sie wolle ihren Vornamen ändern und das stehe fest. Die Adoptiveltern entgegnen, sie seien nicht einverstanden und würden ihr Einverständnis nicht geben. Den Adoptiveltern werden weitere Termine angeboten. Es erfolgt ein offenes Angebot an Katie, für den Fall, dass sie ihre Meinung ändern sollte. Katie meldet sich nicht. Die Eltern kommen für ein Jahr monatlich zu Gesprächsterminen, um sich darüber klar zu werden, warum Katie ihren Namen wohl ändern wolle, was für sie so schwierig daran sei, welche grundsätzlichen Themen mit dieser Namensfrage aufgerührt worden seien und wie sie mit ihrer Tochter ins Gespräch kommen und sie unterstützen können.

In der Mehrzahl der Fälle wird jedoch die weitere Erkundungsphase mit Eltern und Kind teils parallel und teils gemeinsam weitergeführt.

5.4 Entwicklungs- und Umstellungsbereitschaft sowie Bündnisaufgabe

Schon in der Erkundungsphase sollte man sich einen Eindruck von der Entwicklungs- und Umstellungsbereitschaft der Bezugspersonen verschaffen. Das heißt explizit formuliert, dass sich die Erkundungsphase nicht nur auf die Schwierigkeiten und Entwicklungsmöglichkeiten des Kindes bezieht, sondern auch auf die der Bezugspersonen. Man kann beobachten, ob und ggf. welche ersten Veränderungen es seitens der Eltern gibt. Novick und Novick z. B. schreiben, es gehe um folgende »Transformationen«:

- Aus Schuldgefühlen soll sinnvolle Sorge werden,
- aus Selbsthilfe gemeinsame Arbeit,
- aus situationsgebundenen Erklärungen innere Bedeutungen und Motivationen,
- aus Externalisierungen auf das Kind eine Abstimmung mit dem Kind,
- aus Verzweiflung Zuversicht,
- aus einer Idealisierung oder Entwertung des Kindes primäre Elternliebe« (Novick & Novick, S. 43 f).

Natürlich werden diese Transformationen in der Erkundungsphase noch nicht annähernd abgeschlossen sein. Wenn man aber z. B. feststellen kann, dass die Eltern sich auf dem Weg befinden, kann man einschätzen, ob bzw. inwieweit die Bezugspersonen sich zu Partnern entwickeln können, die sich in Kooperation mit dem Therapeuten auf die Suche danach begeben wollen, was ihrem Kind und ihnen helfen könnte. Die Bündnisaufgabe in dieser Phase besteht darin, die Bereitschaft zur eigenen Beteiligung zu entwickeln.

Anfängliche Widerstände und Verleugnungen sind oft sehr stark. Es ist in dieser Phase von entscheidender Bedeutung, sich über die Abwehrkonstellation der Bezugspersonen im Klaren zu sein (Furman, 1995, Rosenbaum, 1994, Novick & Novick, 2009, Ahlheim, 2007). Beachtet man die Abwehrkonstellation nicht bzw. geht nicht darauf ein, läuft man Gefahr, dass sich Verleugnungstendenzen bei den Eltern noch verstärken und aus Schuldgefühls- und Schamgefühlsdruck Entlastungshandlungen erfolgen, die den Abbruch der therapeutischen Beziehung bedeuten können. Am Anfang geht es deshalb z. B. darum

- abgewehrte Schuldgefühle zu erkennen und aufzugreifen,
- Scham- und Kränkungsgefühle zu erkennen sowie empathisch zu halten,
- Ängste (z. B. die Angst vor Veränderung) zu erkennen und anzusprechen oder zu beachten,
- den Status der Selbst-Objektdifferenzierung zu erkennen,
- Verleugnungen zu erkennen und anzusprechen,
- Selbstwerteinbrüche zu erkennen und empathisch zu reagieren,
- Widerstände insbesondere auch von Vätern einzuordnen,
- zu überlegen, ob alle wichtigen Bezugspersonen schon einbezogen sind,
- Rückzug erkennen und überlegen, wie die Eltern sich wieder einlassen können.

5.5 Behandlungsempfehlung

Bei der Besprechung der Auswertung am Ende der Erkundungsphase ist gemäß dem hier vorgeschlagenen Konzept Wert darauf zu legen, dass *dual* sowohl die schon erreichten Veränderungen und möglichen Ziele für das Kind, als auch die Veränderungen und Ziele der Bezugspersonen formuliert und diskutiert werden (vgl. auch Novick & Novick, 2009). Wenn die Eltern schon vieles versucht haben und die Konsultation des Therapeuten positiv und flexibel annehmen können, ist möglicherweise nur eine kurze Evaluationsphase vonnöten. Wenn die Eltern sich jedoch fordernd, uneinsichtig, den Rahmen nicht achtend verhalten und darauf bestehen, dass ihr Kind Behandlung brauche und sich allein ändern müsse, kann es sein, dass eine längere Erkundungsphase erforderlich wird. Dazu ist die Akutbehandlung oder in der Richtlinienpsychotherapie die Kurzzeittherapie zur Abklärung der Indikation für eine Langzeittherapie mit bis zu 24 + 6 Sitzungen = 30 Sitzungen (in zwei Schritten) geeignet. In einem solchen Fall macht es eventuell sogar Sinn, den Eltern ein Verhältnis von Kinder- zu Elternsitzungen im Verhältnis 2:1, also 20 Sitzungen für das Kind und 10 Sitzungen für die Eltern vorzuschlagen. Dann gilt es zu beobachten, was diese Empfehlung auslöst.

Spätestens mit einer Behandlungsempfehlung werden weitere Fragen zum Rahmen auftauchen, z. B. ist in der Regel jetzt die Frage des Bereitstellungshonorars zu klären (Korte, 2003, Blohm, 2011, Althoff, 2013).

Man darf die Chance nicht vergeben, in dieser Erkundungsphase eine so intensive Elternarbeit vorzuschlagen, wie man für erforderlich hält. Man muss sich die Zeit nehmen, um die Bedingungen für die Elternarbeit gemeinsam zu diskutieren. Ggf. muss man begründen, unter welchen Bedingungen man eine Therapie mit dem Kind verantworten kann, denn wenn eine Therapie – zu Bedingungen, die man selbst als kleinsten gemeinsamen Nenner oder schwieriger noch, als faulen Kompromiss betrachtet – erst einmal läuft und die Eltern dann möglicherweise noch weniger bereit zur Mitarbeit sind, kann man das Kind nicht mehr einfach wegschicken.

Vom Therapeuten sind also neben den typisch therapeutischen Tugenden der Freundlichkeit, Empathie, Großzügigkeit und Klugheit auch die Charakterzüge von Entschlossenheit, Geduld, Konfliktbereitschaft, Realitätsbezug, Beharrlichkeit, Wahrheitsliebe, Mut und Risikobereitschaft gefragt (Althoff, 2017). Novick und Novick betrachten das Drängen von Eltern auf einen unverzüglichen Therapiebeginn als Gefahrensignal (Novick & Novick, 2009). Man könnte auch sagen, dass dieses ungeduldige Drängen als Mentalisierungsdefizit verstanden werden kann, und zwar vor dem Hintergrund, dass mentalisierungsbereite Eltern, die sich selbst auch reflektierend in Frage stellen können, gern bereit sind, etwas länger gemeinsam zu überlegen und abzuwägen, welche Maßnahmen sinnvoll und zielführend erscheinen.

Es gibt noch einen Punkt, der in der Erkundungsphase einen bedeutsamen Faktor für die Einschätzung der Prognose einer Behandlung darstellt. Der Therapeut sollte einschätzen, wie präsent den Bezugspersonen ihre Liebe zum Kind ist bzw. wie realistisch es erscheint, dass die Eltern ihre Liebe für das Kind wiederentdecken können. Novick und Novick schreiben auf einen konkreten Fall bezogen: »Welches Thema war nicht gehört worden? Es war die Freude der Eltern an ihrem Kind, die Lust, mit ihm zusammen zu sein, eine primäre Besetzung (…). Solange diese positive Besetzung mit keinem Ton anklang, war das Engagement der Eltern (…) nicht stark genug, um auch den unvermeidlichen negativen Situationen standzuhalten.« (Novick & Novick, 2009, S. 65).

Fallbeispiel

Die Eltern sind überzeugt, dass ihre 9-jährige Tochter Charlotte eine Therapie benötigt und auch der Therapeut hält sie für dringend behandlungsbedürftig. Der Therapeut wundert sich aber, dass die Eltern nicht freudig über das Mädchen sprechen oder eine positive Entwicklung antizipieren können. Auf seine Nachfrage sind beide Eltern sehr betroffen und sagen, ihre Tochter sei jetzt schon so lange ein Problemkind, dass sie Charlotte nur noch als »Problem« sehen könnten. Die Scham und Betroffenheit der Eltern sind für den Therapeuten deutlich spürbar. Er regt die Eltern dazu an, sich zu erinnern, wie es denn vorher gewesen sei. Den Eltern wird klar, dass nicht ihre Tochter, sondern das Problem verschwinden soll. Das Problem ist in ihrem Erleben aber so mit Charlotte verschmolzen, dass ein Verschwinden des Problems das Verschwinden der Tochter bedeutet hätte. Die Eltern können ihr gewonnenes Verständnis nutzen, um sich wieder kraftvoll und kompetent zu fühlen und eine positive Zukunftsvorstellung zu entwickeln. Es gibt noch etliches aufzuklären und durchzuarbeiten, z. B. die Übertragungen der Eltern auf die Tochter, die solch eine Vermischung von Realität und Vorstellung überhaupt ermöglicht haben, aber für das Erste kann ihnen ihr Schmerz bewusst werden und sind sie wieder in der Lage, die Liebe zu ihrer Tochter zu spüren.

Aufgrund dieser Veränderung kann der Therapeut eine Behandlungsempfehlung aussprechen und ein prognostisch günstiger Beginn der Therapie der Tochter einschließlich einer funktionierenden, motivierten Elternarbeit wird möglich.

Die Behandlungsempfehlung am Ende der Erkundungsphase ergibt sich also nicht nur aus der Arbeit mit dem Kind, sondern resultiert zu einem großen Teil aus einer längeren Phase der Arbeit mit den Eltern und ggf. auch der Arbeit durch die Eltern. Des Weiteren sollte zu diesem Zeitpunkt geklärt sein, welchen Auftrag der Psychotherapeut von den Eltern und vom Kind bzw. Jugendlichen bekommen hat, und ob sich diese Aufträge vertragen. Eine Unverträglichkeit liegt z. B. vor, wenn das Kind möchte, »dass die Eltern endlich mehr PC-Spielen erlauben« und die Eltern wünschen, »dass sich das Kind in der Schule weniger aggressiv verhält«. Das Kind und die Eltern haben keine Zielvorstellungen, die sie selbst betreffen, und es ist zu vermuten, dass sie gegenseitig der Zielsetzung des/der anderen auch nicht zustimmen. Wenn sich die Aufträge nicht vertragen, muss zunächst mit dem Kind und den Eltern eine Klärung herbeigeführt werden. Die (abgestimmten) Aufträge der Beteiligten sollten sich in den Zielformulierungen für das Kind/den Jugendlichen und den Zielformulierungen für die Eltern widerspiegeln. Die Reaktionen der Bezugspersonen auf die Behandlungsempfehlung sowie Vereinbarung der Rahmen- und Bündniskomponenten werden im Kapitel 6 dargestellt und diskutiert.

5.6 Kapitelabschluss

5.6.1 Zusammenfassung

In der Erkundungsphase geht es in den Gesprächen mit den Bezugspersonen zunächst darum, einen Eindruck von ihnen zu gewinnen. Es kann geklärt werden, welche Ängste und Widerstände die Eltern bewegen, welche Einstellung sie zu einer eventuellen Therapie des Kindes haben und welche Unterstützung sie anbieten können. In dieser ersten Phase ist auch zu erkunden, ob die Eltern zu eventuell anstehenden begleitenden therapeutischen Gesprächen bereit sind. Die Bedingungen für die Elternarbeit werden gemeinsam diskutiert. Der Psychotherapeut muss ggf. unmissverständlich deutlich machen, unter welchen Bedingungen er eine Therapie mit dem Kind verantworten kann, um der Gefahr vorzubeugen, eine Therapie zu Bedingungen, die man als Psychotherapeut als kleinsten gemeinsamen Nenner oder gar als faulen Kompromiss betrachtet, zu beginnen. Die Bereitschaft der Bezugspersonen zur Mitarbeit stellt in den meisten Fällen einen bedeutsamen Faktor für die Beurteilung der Prognose einer Behandlung dar. Ebenso wichtig erscheint die Einschätzung, wie präsent den Bezugspersonen ihre Liebe zum Kind ist bzw. wie realistisch es erscheint, dass die Eltern ihre Liebe für das Kind wiederentdecken können.

5.6.2 Literatur zur vertiefenden Lektüre

Althoff, M. L. (2013). Die vakante Sitzung in Psychoanalyse und Supervision. *Forum der Psychoanalyse 29*, 139–160.

Argelander, H. (1970a). *Das Erstinterview in der Psychotherapie.* Darmstadt: Wissenschaftliche Buchgesellschaft.

Windaus, E. (1999). Psychoanalytische Elternarbeit und szenisches Verstehen. *Analytische Kinder- und Jugendlichen-Psychotherapie 103:* 307–338.

5.6.3 Weiterführende Fragen

- Unter welchen Umständen könnte es Sinn machen, eine Bezugsperson, deren Einbeziehung von einer anderen oder mehreren Bezugspersonen nicht gewünscht ist (z. B. einen nicht-sorgeberechtigten Elternteil), dennoch einzuladen?
- Wie kann ein Psychotherapeut reagieren, wenn die Bezugspersonen die Mitarbeit zwar verbal zusichern, aber in ihrem konkreten Handeln zögerlich bis verweigernd erscheinen?
- Wie kann ein Psychotherapeut damit umgehen, wenn das Kind eine ganz andere Zielvorstellung für sich entwickelt hat, als die Eltern und

umgekehrt die Eltern für sich selbst eine andere Zielvorstellung haben als das Kind?
- Aus welchen Gründen muss die Prognose einer Therapie für das Kind als eher ungünstig eingeschätzt werden, wenn die Liebe der Bezugsperson(en) zum Kind nicht präsent oder nicht erreichbar erscheint?

6 Die Phase der Vereinbarung des Rahmens

> Nach der Erkundungsphase, d.h. der Phase von Diagnostik und Auswertung, kommt es für den Fall einer Behandlungsempfehlung seitens des Therapeuten und einer Annahme dieser Empfehlung durch den Patienten und die Bezugspersonen zur Planung einer längerfristigen Zusammenarbeit und zu Verhandlungen über den Rahmen. Die Herausforderungen und Bündnisaufgaben in der Arbeit mit den Eltern in dieser Phase werden beschrieben. Die wichtigste Aufgabe des Psychotherapeuten in dieser Phase besteht darin, die Eltern in ihrem Wunsch anzuerkennen und zu bekräftigen, das Beste für ihr Kind tun zu wollen und sich dafür einzusetzen.

Es ist klar, dass selbst nach einer langen Erkundungsphase mit anschließender Behandlungsempfehlung die ersten Veränderungen der Bezugspersonen in der Regel weder ausreichend noch gesichert sein können. Bis zu diesem Zeitpunkt hat der Psychotherapeut auch lediglich überprüft, ob es erste Veränderungen und damit eine Umstellungs*bereitschaft* auf Seiten der Eltern gibt und ob dadurch eine für die Belange des Kindes ausreichende Entwicklungs- und Umstellungsfähigkeit (Rüger et al., 2015) auf Seiten der Eltern prognostiziert werden kann.

Ist eine Behandlungsempfehlung vom Therapeuten ausgesprochen worden und haben die Bezugspersonen diese angenommen, stellt sich allen Beteiligten automatisch die Aufgabe, einen Rahmen zu vereinbaren. Oft wird von einigen Eltern gerade in diesem Moment das Bündnis aus verschiedenen Widerstandsgründen in Frage gestellt.

6.1 Widerstände, Ängste und daraus resultierende Bündnisaufgaben

Unbewusst fürchten die Bezugspersonen beispielsweise, dass die Aufnahme einer Therapie bislang verborgene Dimensionen der Psychodynamik der Familie aufdecken und die Wiederbelebung eigener infantiler Konflikte zur Folge haben könnte und sie erahnen damit die Größe der Unternehmung, auf die sie im Begriff sind sich einzulassen.

Novick und Novick weisen darauf hin, dass »vielen Erwachsenen (...) die Ausübung der Elternschaft als heimliches, verleugnetes Ventil für ihr perverses sadomasochistisches Funktionieren« dient (Novick & Novick, 2009, S. 69). Oft besteht die Gefahr, dass dieses sadomasochistische Funktionieren von einer Generation an die nächste weitergegeben wird. In der Elternarbeit kann dieser verstörende Kreislauf offengelegt werden. Der Therapeut muss einerseits auf diese Themen zu sprechen kommen und dabei am Widerstand entlang arbeiten und andererseits das Bemühen der Eltern bekräftigen, das Beste für ihr Kind tun zu wollen. Mit dieser Bekräftigung verbindet sich der Therapeut mit den wohlwollenden Aspekten des elterlichen Selbst und gibt zu erkennen, dass er diese Aspekte anerkennt und wertschätzen kann. Es ist von entscheidender Bedeutung für die Aufrechterhaltung der Balance des narzisstischen Selbstwertgefühls der Eltern, die Absicht, das Beste für ihr Kind und gute Eltern sein zu wollen, zu unterstützen und zu stärken. Konkret heißt das, diese Aspekte, sobald es Hinweise auf die guten Absichten der Eltern gibt und etwas Bewunderungswürdiges auftaucht, immer wieder anzusprechen.

Fallbeispiel

Die Eltern eines kleinen Jungen sind beide psychisch krank. Der Vater weist dissoziale Verhaltensweisen auf und verstößt vor den Augen seines Sohnes gegen Gesetze. Er findet kaum einen Zugang zu seinen Gefühlen, nur Wut kann er gut identifizieren. Die Mutter des Jungen leidet an depressiven und psychosomatischen Symptomen und verlangt von ihrem Sohn eine absolut nicht altersgemäße Rücksichtnahme

6.1 Widerstände, Ängste und daraus resultierende Bündnisaufgaben

und Unterstützung. Wird bei diesen Eltern nicht vor Beginn der Behandlung das Bewusstsein dafür gestärkt, dass sie das Beste für Ihren Sohn wollen und was dies eigentlich ist, wird die Behandlung des Kindes vermutlich bedingt durch Übertragungen der Eltern zu einer Folge sadomasochistischer Druckentlastungshandlungen seitens der Eltern sowie Verwirrung und Symptomverstärkung seitens des Kindes degenerieren.

Einerseits versucht der Therapeut damit folglich, den Eltern die Liebe zum Kind wieder zugänglich zu machen und auch konkret etwas zu finden, das sie an ihm mögen. Gleichzeitig kann er dadurch auch seine eigene Zuversicht und prognostisch günstige Einschätzung halten. In schwierigen Zeiten lässt sich u. U. allein die Tatsache, dass die Eltern Hilfe suchen und bereit sind, einen Therapierahmen zu vereinbaren, schon als ein Zeichen dafür interpretieren, dass die Eltern wieder in die Phase der Elternschaft eingetreten sind und sich weiterentwickeln wollen – d. h. auch der Therapeut kann sich in seiner positiven Einstellung halten. Dieser Respekt des Therapeuten den Eltern gegenüber ist keine Selbstverständlichkeit und muss immer wieder aufgebaut und erarbeitet werden, denn die Bezugspersonen haben oft größere psychische Probleme als erwachsene Personen, die in individuelle Therapie kommen.

Wenn sich das Kind in dieser Phase der Rahmenfindung und Therapievereinbarung freudig dem Therapeuten anschließt, d. h. gern zu den Sitzungen geht und der Aussicht auf eine längere Zusammenarbeit zustimmt, fürchten viele Eltern, dass ihnen die Liebe und Loyalität des Kindes geraubt wird. Hier sind auch die triadischen Fähigkeiten des Therapeuten von großer Bedeutung, da diese bei den Eltern oft nicht vorausgesetzt werden können. Aufgrund unbewusster Schuldgefühle und ohne Kontakt zur beiderseitigen Liebe denken Eltern unbewusst, es nicht anders verdient zu haben, als dass ihr Kind weggenommen werde. In Gegenreaktion kann es sein, dass – um sich unbewusst von dem Druck zu entlasten – Ideen entstehen, das Kind aktiv abgeben zu wollen, der Therapeut kann es sozusagen »zur Reparatur« haben.

Aus diesen Entlastungsgedanken entstehen oft weitere Schuldgefühle und als Abwehr dessen die Tendenz, sich an das Kind zu klammern und den Therapeuten auf Abstand zu halten. Wenn nun der Therapeut seinerseits in einer Vorstellung, besserer Elternteil zu sein, verhaftet ist oder die Eltern und das von ihm unterstellte Scheitern der Eltern für die Störung des Kindes verantwortlich macht, kann es zum Abbruch der Behandlung durch die Eltern kommen.

Dieser Kreislauf verstärkt oft zusätzlich die Angst vor Gefühlen, eine Angst, die häufig bereits in vielen Familien vorhanden ist (und eventuell sogar maßgeblich zu den Problemen und Symptombildungen beigetragen hat). Es muss seitens des Therapeuten dafür geworben werden, dass ein Rahmen, bei dem ein geeignetes Tempo, gegenseitiges Wohlwollen und die Sicherheit der Beziehungen an oberster Stelle steht, immer wieder als Basis von Vertrauen zur Verfügung steht und keine einseitigen Aktionen, z. B. Therapeut und Kind gegen die Eltern, akzeptabel sind.

Wenn es gelingt, die auftauchenden Ängste und Schuldgefühle der Bezugspersonen in elterliche Sorge oder hilfsweise in eine gemeinsame Sorge umzuwandeln, wird es auf natürliche Weise die Bereitschaft zur Rahmenvereinbarung geben.

6.2 Die Vereinbarung von Rahmen und Setting

Mit dem Konzept des Rahmens werden in der Psychoanalyse und Tiefenpsychologie »die konstanten und unveränderbaren Rahmenbedingungen beschrieben, unter denen der psychoanalytische Prozess stattfindet« (Müller, 2008, S. 622). Der Rahmen sei mehrfach determiniert und umfasse drei Ebenen: die Vertragsebene, die Ebene der technischen Regeln und eine symbolische Dimension, wie z.B. die triangulierende Funktion der Sprache (▶ Kap. 7), Holding und Containing, eine psychische Hülle, die Existenz von Grenzen.

6.2 Die Vereinbarung von Rahmen und Setting

Der psychotherapeutische Rahmen, insbesondere der Rahmen der Elternarbeit, ist nicht etwas, das schon bereitsteht, er muss vielmehr parallel zur Vereinbarung mit dem Kind geschaffen werden. Der Rahmen hat meist eine höchst subjektive Färbung, weil es kaum festgelegte Standards gibt für die Elternsitzungen. Manche vereinbaren regelmäßige Sitzungen, z. B. alle 4 Wochen; andere verabreden sich von Mal zu Mal; einige sprechen immer in derselben Personenkonstellation, z. B. Vater, Mutter und Therapeut. Die impliziten persönlichen Einstellungen und Theorien des Psychotherapeuten finden in diesen Details einen Ausdruck. Ich selbst vereinbare nach Möglichkeit feste Sitzungsrhythmen, damit ein als verlässlich erlebter Rahmen entstehen kann. Bei einem Eltern-Gruppensetting wäre der organisatorische Aufwand für flexible Vereinbarungen von Mal zu Mal viel zu hoch. In der Elternarbeit scheint es mir besonders wichtig zu sein, dass der Therapeut selbst einen stabilen und sicheren inneren Rahmen aufbaut, da die Bezugspersonen oft mit großer Verunsicherung und einer Neigung zum Agieren in Beziehung gehen. Dieser Aufbau eines stabilen inneren Rahmens im Psychotherapeuten ist gemeint, wenn Pflichthofer formuliert: »Die psychische Besetzung des Patienten durch die Analytikerin schafft den Rahmen, der dann für beide verbindlich werden kann, innerhalb dessen Wachstum und Entwicklung (vielleicht sogar auf beiden Seiten!) möglich werden«. (Pflichthofer, 2011, S. 59).

Einige der Rahmenkomponenten werden den Patienten schon in der Erkundungsphase genannt bzw. angewandt. Eine Übersicht über die Elemente findet sich in Tabelle 6 (▶ Tab. 6.1) (für eine ausführliche Darstellung der Komponenten vgl. z. B. Althoff, 2007).

Tab. 6.1: Elemente des psychotherapeutischen Rahmens

Zeitpunkt	Rahmenkomponente	Art und Weise
Erster Telefonkontakt	Honorar bzw. Versicherungskarte	wird explizit benannt
	Dauer	wird explizit vereinbart
	Ort	wird explizit vereinbart

Tab. 6.1: Elemente des psychotherapeutischen Rahmens – Fortsetzung

Zeitpunkt	Rahmenkomponente	Art und Weise
	Schweigepflicht, Vertraulichkeit	wird explizit besprochen
Erkundungsphase	Angebot eines Sitzarrangements	wird explizit angeboten
	Ungestörtheit	wird explizit angeboten
	Beständigkeit des räumlichen Settings	wird implizit realisiert
	Grundregel der freien Assoziation	wird explizit genannt und ggf. besprochen
	Gleichschwebende Aufmerksamkeit	wird implizit praktiziert
	Neutralität und Abstinenz	wird implizit realisiert
	Anonymität	wird implizit realisiert und ggf. besprochen
	Regeln des körperlichen Kontakts	wird implizit realisiert
	Urlaub, Bereitstellungshonorar	wird explizit besprochen
Mit Vereinbarung eines therapeutischen Rahmens (Althoff, 2007, 2009)	Frequenz	wird explizit vereinbart
	Verantwortlichkeit für die Beendigung	wird explizit vereinbart
	Formalitäten der Richtlinientherapie	wird explizit besprochen und vereinbart
	Teilnehmer an Bezugspersonensitzungen (Wer gehört dazu? Leibliche Eltern, getrennte Eltern mit jeweils neuen Partnern, Pflegeeltern, Adoptiveltern, Großeltern, Bezugsbetreuer und zusätzlich Lehrer, Familienhelfer,	wird explizit besprochen und vereinbart

Tab. 6.1: Elemente des psychotherapeutischen Rahmens – Fortsetzung

Zeitpunkt	Rahmenkomponente	Art und Weise
	Sozialarbeiter etc.?) Gruppen- oder Einzelsitzungen	
	Kombiniertes/getrenntes Setting (Behandlung Kind und Bezugspersonen bei einem Therapeuten oder nicht? Ausführlich dazu siehe z. B. Wolff 1999)	wird explizit benannt und vereinbart
	Getrenntes/gemeinsames Setting (Behandlung Baby oder Kleinkind und Bezugsperson zusammen oder nicht?)	wird explizit benannt und vereinbart

Sollte zunächst eine Akutbehandlung (aufgrund einer Krisensituation) oder eine Kurzzeittherapie (zur Überprüfung der Indikation für eine Langzeittherapie oder als voraussichtlich ausreichende Maßnahme) indiziert sein, so entsteht im ersten Fall keine Wartezeit und im zweiten Fall nur eine kurze Wartezeit bis zur Kostenübernahme durch die Krankenkasse (Stand 4/2017). In diesen Fällen muss in der Rahmenvereinbarung festgehalten werden, ob und unter welchen Umständen die Option der Umwandlung in eine Langzeittherapie wahrgenommen werden kann.

6.3 Die Nutzung der Macht der Umstände in der Elternarbeit

Warum gestalten Therapeuten den Rahmen der Elternarbeit so, wie sie ihn gestalten? Tun sie, was sie für richtig halten? Möglicherweise ist der Zusammenhang zwischen ethischen Prinzipien, Überzeugungen und Handeln längst nicht so eng, wie man zunächst glaubt (Althoff, 2017). Oft sieht man die Eltern z. B. seltener als man es *eigentlich* will. Man vereinbart keine regelmäßigen Termine, vergisst Anrufe, lässt sich von den Eltern abwimmeln. Man denkt, man sollte sie häufiger sehen. Eine Erklärung könnte sein, dass Diskrepanzen zwischen idealem und realem Verhalten nicht ungewöhnlich sind. Ich vermute aber, das Problem besteht vielmehr darin, dass wir normalerweise nicht nur ein Ziel verfolgen. Der Therapeut beispielsweise will nicht nur gute Elternarbeit zu leisten, sondern hat auch das Ziel, sich nicht zu überanstrengen, sich kompetent und hilfreich fühlen zu können, sich nicht ohnmächtig zu erleben. Die Diskrepanz zwischen der bewussten und idealen Vorstellung einer effektiven Elternarbeit und den unbewussten Phantasien, Eltern nicht nur zu helfen, sondern sich an ihnen zu rächen, besser zu sein, konkurrieren zu wollen, wird eventuell verdrängend gelöst mit dem unbewussten Gedanken: Ich vergesse, was ich für ideal erachte und dass ich die Eltern lange nicht gesehen habe.

Hinzu kommt, dass man sich stets an Modellen und Vorbildern orientiert. Rahmenbedingungen wählt man aus dem zur Verfügung stehenden Angebot aus. Es ist sehr anstrengend, jedes Mal etwas Eigenes zu entwickeln, sobald nichts Passendes zur Auswahl steht. Das vorgegebene Angebot hat einen sehr großen Einfluss auf unser Verhalten. Beispielsweise wird unsere Wahl auch davon beeinflusst, wer die Auswahl präsentiert hat, z. B. Anna Freud oder Melanie Klein. Wir wählen also nicht »frei«, sondern bewegen uns in dem Rahmen, der uns durch »das Übliche« oder die Psychotherapie-Richtlinien gesteckt wird. Oft bemerken wir das gar nicht bewusst oder wir nehmen den Rahmen als fix und kaum beeinflussbar hin. Eine Kollegin in Ausbildung, die bei mir in Supervision kam, hatte lange Jahre in einer Kinder- und Jugendpsychiatrie gearbeitet. Wir besprachen die ersten Therapiesitzungen des Kindes und auch der Eltern. Nach ein paar Monaten sagte sie mir, dass sie sich schwer an die Elternarbeit gewöhnen könne. Ich war neugierig, den Grund zu erfahren. Sie berichtete, dass sie die Eltern in der Klinik jede Woche zum Gespräch einbestelle. Ambulant komme sie gar nicht richtig in Beziehung, wenn immer vier Wochen dazwischen lägen. Wir überlegten dann, welche Gestaltungsmöglichkeiten es innerhalb einer Richtlinientherapie gibt, die Frequenz von Elterngesprächen zu erhöhen.

Oft ist das Problem, dass alle Aufgaben in der Praxis irgendwie erledigt werden müssen. Aber sie sind nicht alle gleich wichtig bzw. haben nicht alle dieselbe Priorität für den Therapeuten, sodass er dafür größere Abstriche an anderen Zielen in Kauf nehmen bzw. den dafür erforderlichen Preis bezahlen will. Oft handelt man in der Phase der Rahmenvereinbarung mit den Eltern unter Zeitdruck und weiß gleichzeitig, dass das so »eigentlich« nicht den Zielen und guten Vorsätzen entspricht. Gleichzeitig weiß man aber, dass alles andere anstrengender, aufwändiger und mit spürbaren Nachteilen an anderer Stelle verbunden wäre.

Umgekehrt betrachtet ist es dennoch sinnvoll, so zu handeln. Obwohl man manchmal unter den »faulen« Kompromissen des Alltags leidet, so hat es sich lebenspraktisch bewährt, sich auf die Alternativen zu konzentrieren, die zur Verfügung stehen. Die Gefahr besteht allerdings, dann die vorgegebenen Möglichkeiten unreflektiert und unbewusst zu akzeptieren. Wir denken innerhalb des vorgegebenen Rahmens, ohne uns der Macht, die wir den Umständen damit einräumen, bewusst zu sein: »Schade, dass wir die Eltern nur alle 4 Wochen sehen können.«

Möglich ist es aber, z. B. bei kleinen Kindern, bei einer Verflechtung der zentralen Problematik des Kindes mit derjenigen der Bezugsperson(en), bei erhöhtem Gesprächsbedarf der Eltern, bei Notwendigkeit der Einbeziehung vieler Bezugspersonen in getrennten Gesprächen vom Regelverhältnis abzuweichen und jedes geeignete Verhältnis von Bezugspersonen- zu Kindsitzungen zu beantragen, solange die Zahl der Bezugspersonensitzungen die Zahl der Sitzungen des Kindes nicht überschreitet. Die über das Regelverhältnis von 1:4 hinausgehenden Sitzungen müssen dann vom Kontingent des Kindes abgezogen werden.

Vermutlich neigen fast alle Menschen dazu, schwierige Entscheidungen entweder erst einmal aufzuschieben oder die jeweils empfohlene Variante zu wählen. Das gilt für die Frequenz, die Technik, die therapeutische Haltung, die Arbeit mit den Eltern. Das ist ein weiteres Argument für die Notwendigkeit klarer Konzeptformulierungen zur Elternarbeit, nämlich die »empfohlene Variante« begründet optimieren zu können.

Derzeit wird die empfohlene Variante oft auch aus Angst gewählt. »Unsere Angst, aus dem Rahmen zu fallen und gar laut oder leise als ›unanalytisch‹ tituliert zu werden, verhindert es möglicherweise, dass wir über unsere Erfahrungen in der Praxis sprechen, und zwar vor allem über jene, die sich nicht sofort einordnen lassen, die uns bisweilen verstören und mit schlechten, aber auch durchaus guten Gefühlen zurücklassen. Es sind jene Erfahrungen, die in der einen oder anderen Form aus dem Rahmen fallen, uns aber das Gefühl geben können, unseren Patienten begegnet zu sein, wenngleich es sich doch eigentlich um eine (un)mögliche Begegnung handelt.« (Pflichthofer, 2011, S. 34).

Eine spezielle Angst von Kinder- und Jugendlichenpsychotherapeuten in der Elternarbeit besteht darin, sich vorwerfen lassen zu müssen, dass sie sich auf das Gebiet der Erwachsenentherapie gewagt hätten und weder dazu befähigt noch berechtigt zu sein. Es ist wichtig dieser Angst zu begegnen, um sich im therapeutischen Alltag nicht selbst die Hände zu fesseln. Das kombinierte Setting – Kinder- und Elternbehandlung in einer Hand – wird nicht grundsätzlich in Frage gestellt. Das Psychotherapeutengesetz sieht im § 26, Absatz 1 vor:

> »Die Berechtigung zur Ausübung des Berufs des Kinder- und Jugendlichenpsychotherapeuten erstreckt sich auf Patienten, die das 21. Lebensjahr noch nicht vollendet haben. Ausnahmen von Satz 1 sind zulässig, wenn zur Sicherung des Therapieerfolgs eine gemeinsame psychotherapeutische Behandlung von Kindern oder Jugendlichen mit Erwachsenen erforderlich ist oder bei Jugendlichen eine vorher mit Mitteln der Kinder- und Jugendlichenpsychotherapie begonnene psychotherapeutische Behandlung erst nach Vollendung des 21. Lebensjahres abgeschlossen werden kann.«

Insofern ist es wichtig, therapeutische Konzepte und Modelle von Elternarbeit zu entwerfen, um klarzustellen, worin der Unterschied zur individuellen Therapie Erwachsener liegt (▶ Kap. 11).

Wenn man sich im Alltag überwinden und nicht Gefahr laufen möchte, dass die Ausnahme zur Regel wird und man immer den Weg des geringsten Widerstands einschlägt, kann man sich einen »Wecker« dafür stellen, »wenn es sich lohnen könnte, es z. B. kurzfristig ein wenig komplizierter, ungewohnter, mühsamer, anstrengender zu wählen« (Althoff, 2017, S. 150).

Ein »Wecker« in der Elternarbeit kann z. B. sein, sich selbst ein Protokollraster, das Elternsitzungen im geplanten Verhältnis vorsieht, zu erstellen. Bereits im Vorfeld kann man sich selbst das Versprechen geben, dass man reagiert und die Eltern einlädt, wenn das zweite Mal ein Freiraum in den Protokollen zu bemerken ist.

Um Veränderungen des eigenen Verhaltens zu erreichen, sollte man nicht nur an einer Veränderung seiner Einstellungen und Überzeugungen ansetzen. Vielmehr sollte man sich dafür einsetzen bzw. dafür sorgen, die Rahmenbedingungen (oder das Angebot) so zu verändern, dass ein anderes Verhalten aus der eigenen subjektiven Sicht sinnvoll wird. Möchte man jemanden zu einer Verhaltensänderung bewegen, sollte man m. E. herausfinden, was man selbst zum Besseren verändern kann, in dem man sich z. B. auf eine Veränderung der eigenen Haltung und der Rahmenbedingungen konzentriert. Für den therapeutischen Kontext der Elternarbeit könnte man es so formulieren: Wo immer Widerstand oder Abbruchtendenzen auftauchen, lohnt es sich, über den Kontext bzw. die Rahmenkomponenten, die man selbst gesetzt hat, nachzudenken. Wie lässt sich das Verhalten bzw. die Symptomatik des Patienten verstehen als verursacht bzw. begünstigt durch die »Macht der Umstände«? Wie könnte durch eine Veränderung der Therapievereinbarung ein förderlicheres Umfeld geschaffen werden? Welche Rahmenbedingungen machen es für den Patienten (unbewusst) sinnvoll, sich genau so zu verhalten? Oftmals kann die Einschätzung der Wirkung der Rahmenkomponenten und des therapeutischen Umgangs damit der Schlüssel dazu sein, das Verhalten und die Schwierigkeiten der Eltern zu verstehen und gleichzeitig eine positive Entwicklung zu initiieren. (vgl. Althoff, 2017, S. 151).

Wenn man sich von der »Macht der Rahmenbedingungen« überzeugt hat, wird man von Überzeugungsarbeit allein keine Verhaltensänderungen erwarten. Jedoch wird man erwarten, dass Überzeugungsarbeit notwendig ist für eine *Akzeptanz* der Veränderungen. Überzeugungsarbeit ist dann im therapeutischen Prozess eine Aufgabe, die die Eltern und auch den Therapeuten selbst dazu anregen kann, sich der eigenen Meinung und Einstellungen sowie der Veränderungsperspektiven bewusst zu werden. Es gilt also in der Phase der Vereinbarung des Rahmens, die Chance einer effektiven Rahmengestaltung als Grundlage für eine wirkungsvolle Elternarbeit zu nutzen.

Es sei hier auch die Möglichkeit von Elterngruppen erwähnt, die entweder begleitend zur Gruppentherapie des Kindes oder Jugendlichen stattfinden können oder aber unabhängig von einer Behandlung eines Kindes (nicht Leistung der Krankenkasse). In der Gruppe kann z. B. über Themen wie Mentalisierung, typische familiäre Konfliktsituationen, typische Sorgen und Unsicherheiten, Umgang mit Medienkonsum und eigene Erziehungs- und Bindungserfahrungen gesprochen werden. Nach meiner Erfahrung braucht es in einer Elterngruppe eine recht aktive Leitungsperson.

Am Ende der Phase der Vereinbarung des Rahmens steht ein Gesamtrahmen und innerhalb dessen gibt es zwei Teilrahmungen, den Rahmen mit dem Kind und den Rahmen mit den Bezugspersonen. Es stellen sich Fragen, die beim weiteren Vorgehen zu beachten sind:

Wie können die Eltern mit dieser von ihnen getrennten Beziehung ihres Kindes umgehen? Können die Eltern die Trennung in der Therapie aushalten?

Ist ihnen die Unterscheidung zwischen Privatsphäre und Heimlichtuerei geläufig?

Vom Therapeuten sollte unbedingt angesprochen werden, dass für ihn Sicherheit oberste Priorität hat, dass er die Eltern bei Gefahr informieren würde.

Ein besonderes Thema sind Geheimnisse: Familiengeheimnisse z. B. können die Behandlung untergraben. Angst vor der Preisgabe eines Geheimnisses durch das Kind oder unbewusste Angst vor verdrängten Geheimnissen kann Eltern plötzlich schwanken lassen, so dass sie beispielsweise Alternativen zur Therapie vorschlagen. Der Therapeut reagiert dann meist enttäuscht.

Fallbeispiel

Die Eltern eines Schulkindes haben unerwartet kurz nach der Vereinbarung des Rahmens die Idee, dass Medikamente eventuell besser helfen könnten und eine Psychotherapie dann nicht nötig sei. Die Therapeutin ist verwirrt und gekränkt, besinnt sich aber und fragt, ob irgendetwas Bestimmtes passiert sei. Sie äußert ihr Erstaunen über die

Zweifel an der Therapie zum jetzigen Zeitpunkt und ermutigt die Eltern zur Offenheit, indem sie an ihre Schweigepflicht erinnert. Zögerlich erzählen die Eltern, dass sie eigentlich getrennt seien, aber um der Kinder willen weiterhin gemeinsam in einem Haus lebten. Niemand außer den Kindern wisse dies. Die Mutter berichtet von ihrer Befürchtung, ihre Tochter könne das Geheimnis ausplaudern und die Therapeutin würde sie verurteilen.

Kindergeheimnisse sind meist harmlos und bringen den Therapeuten nicht in Konflikt. Auch bei Jugendlichen kann die Schweigepflicht gewahrt bleiben, solange klar ist, dass es sich um geheime Gedanken und Phantasien handelt. Wird der Therapeut dessen gewahr, dass der Jugendliche gefährliche Aktivitäten plant oder ausgeführt hat (mit Wiederholungsgefahr), dann muss er wissen, dass die Eltern informiert werden.

Elterngeheimnisse können unterschiedlicher Natur sein. Es kann sein, dass man in der Gegenübertragung Ärger spürt und das Gefühl hat, dass etwas unterdrückt wird. In dem Moment empfiehlt es sich, eine offene Frage zu stellen, etwa: »Fehlt noch etwas?« und die Wichtigkeit von Offenheit anzusprechen. Anders sieht es aus, wenn man in der Gegenübertragung das Gefühl hat, dass etwas unterdrückt wird, man aber nicht ärgerlich ist, sondern ganz gelassen. Diese Reaktion spricht eher dafür, dass sich die Eltern des unterdrückten Inhalts (noch) nicht bewusst sind. In diesem Fall sollte man den Prozess vorsichtig laufen lassen. Eine schwierige Situation kann sich ergeben, wenn Eltern etwas erzählen, diese Information aber vor dem Kind geheim halten möchten. »Wir möchten nicht, dass unser Kind das erfährt«, sagten Eltern, die erzählten, dass ihr Kind adoptiert sei. Der Therapeut erlebte sich in einem heftigen Loyalitätskonflikt. Dennoch blieb er bei seinem Therapieangebot.

Wenn es gelungen ist, einen Rahmen zu vereinbaren, eine Psychotherapie zu beantragen und die Motivation aller Beteiligten die Wartezeit bis zur Bewilligung überdauert hat, beginnt die Anfangsphase der Behandlung mit ihren spezifischen Bündnisaufgaben.

Sollte zunächst ein ablehnender Bescheid von der Krankenkasse kommen, verzögert sich der Behandlungsbeginn noch stärker. Bereits die

Wartezeit ist eine Bewährungsprobe. Zudem wird die Behandlungsmotivation von Eltern und Kind auf eine weitere Probe gestellt, denn die Frage, ob ein Widerspruch eingelegt und ein Obergutachterverfahren eingeleitet werden soll, ist oft mit großer Verunsicherung, Wut- und Kränkungserleben bei allen Beteiligten verbunden.

6.4 Kapitelabschluss

6.4.1 Zusammenfassung

Wenn eine Behandlungsempfehlung vom Psychotherapeuten ausgesprochen wurde und die Bezugspersonen diese angenommen haben, ist die Aufgabe der Rahmenvereinbarung zu bewältigen. Es kann oft beobachtet werden, dass Eltern gerade in diesem Moment das Bündnis aus verschiedenen Widerstandsgründen in Frage stellen. In einer solchen Situation ist es Aufgabe des Psychotherapeuten, über Ängste und Befürchtungen, die die Bezugspersonen beschäftigen könnten, nachzudenken. Z. B. kann dies Angst davor sein, dass verborgene unbewusste Dimensionen der Psychodynamik der Familie aufgedeckt werden oder die Therapie eine Wiederbelebung eigener infantiler Konflikte zur Folge haben könnte. Der Psychotherapeut sollte einerseits auf diese Themen zu sprechen kommen und dabei am Widerstand entlang arbeiten. Andererseits sollte er die Eltern in ihrem Bemühen wahrnehmen und bekräftigen, das Beste für ihr Kind tun zu wollen.

Zusätzlich erscheint es angesichts von Widerstand oder Abbruchtendenzen lohnend, über den Kontext bzw. die Rahmenkomponenten, die man selbst gesetzt bzw. vereinbart hat, nachzudenken. Wie lässt sich das Verhalten bzw. die Symptomatik des Patienten verstehen als verursacht bzw. begünstigt durch die »Macht der Umstände«? Wie könnte durch eine Veränderung der Therapievereinbarung ein förderlicheres Umfeld geschaffen werden? Insgesamt besteht in der Phase der Vereinbarung des Rahmens die vorzügliche Chance einer effektiven Rahmengestaltung als Grundlage für eine wirkungsvolle Elternarbeit über die Dauer der gesamten Behandlung.

6.4.2 Literatur zur vertiefenden Lektüre

Althoff, M. L. (2007). Rahmenbedingungen der Psychotherapie. Rahmenbedingungen der Psychotherapie, Behandlungssetting, Patient-Therapeut-Interaktion, Bezugspersonen-Therapeut-Interaktion, Einleitung und Ende der Behandlung. In: H. Hopf & E. Windaus (Hrsg.). *Psychoanalytische und tiefenpsychologisch fundierte Kinder- und Jugendlichenpsychotherapie. Lehrbuch der Psychotherapie Band 5* (S. 177–192). München: CIP-Medien.

Wolff, A. (1999). Elternarbeit anders. *Analytische Kinder- und Jugendlichen-Psychotherapie* 103, 361–379.

6.4.3 Weiterführende Fragen

- Wieviel Raum sollte für die Phase der Rahmenvereinbarung reserviert werden?
- Welche Herausforderungen bringt die Vereinbarung eines Bereitstellungshonorars in der Arbeit mit Kindern, Jugendlichen und Eltern mit sich?
- Unter welchen Umständen sind getrennte Bezugspersonengespräche indiziert?
- Welchen Stellenwert hat die »Macht der Umstände« in Ihrer täglichen Praxis?
- Welche Chancen bietet das Gruppensetting in der Elternarbeit, und welche Nachteile kann es haben?
- Unter welchen Umständen würde ein Therapeut das Behandlungsangebot aufrechterhalten, auch wenn die Eltern darauf bestehen, dass ein bestimmtes Geheimnis dem Kind niemals mitgeteilt werden soll?

7 Die Anfangsphase der Psychotherapie

> Nach der Bewältigung der Anforderungen von Erkundungsphase und Rahmenvereinbarung stehen die Bündnisaufgaben der Anfangsphase an. Den Bezugspersonen stellt sich die Aufgabe, eine intensivere Beziehung des Kindes zum Therapeuten zuzulassen. In diesem Kapitel werden die Interventionen benannt, die Bezugspersonen helfen können, ihre Ängste zu reduzieren und genügend Selbstvertrauen und Liebe zum Kind zu entwickeln, um auf eine defensive Nutzung des Kindes, z. B. seine Sitzung vergessen, verzichten zu können. Die passende Rahmenhandhabung des Therapeuten ist dabei weiterhin von entscheidender Bedeutung.

Nachdem meist eine kurze, aber spürbare Erleichterung eingetreten ist, wenn die Erfüllung der Hoffnungen auf Hilfe und Unterstützung für alle Beteiligten zum Greifen nahe scheint, nimmt dennoch mit Behandlungsbeginn oft manifest ein unspezifisches Druckgefühl, Ungeduld und Anspruchsdenken einen großen Raum ein. Beispielsweise sagte ein Vater: »Unser Kind kommt jetzt schon 10 Stunden und nichts hat sich getan.«

7.1 Zentrale Bündnisaufgabe

Zu Beginn der Behandlung ist in vielen Fällen zu beobachten, dass die Eltern die unmittelbaren Ängste, ihr Kind an den Therapeuten zu verlieren, und ihren Wunsch es für immer bei sich zu behalten, als möglicherweise chronische und transgenerationale Probleme ihrer Persönlichkeiten zum Ausdruck bringen. Diese Ängste und vereinnahmenden Wünsche müssen bearbeitet werden, um feindliche Übertragungen auf den Therapeuten zu verhindern oder abzubauen. Zentrale Bündnisaufgabe der Eltern in dieser Anfangsphase ist es, die Beziehung des Kindes zum Therapeuten zulassen und die körperliche Trennung akzeptieren zu können. Aufgabe des Therapeuten ist es, die Eltern dabei zu unterstützen und herauszufinden, was sie blockiert. Oft geht es darum, die meist unbewusste Angst vor dem Verlust des Kindes oder dem Verlust seiner Liebe zu bearbeiten. Die auf diese Ängste hin aktivierte Abwehr zeigt sich oft in Externalisierungen, die sich auf das Kind richten. In der weiteren Behandlung ist dieses Thema zwar nicht mehr so groß wie in dieser Anfangsphase, aber es wird immer eine mehr oder weniger intensive therapeutische Bearbeitung erforderlich sein. Die Anfangsphase dauert natürlich unterschiedlich lange und kann nicht klar abgegrenzt werden. Meist teilt sich eine gelingende Therapie ungefähr auf in eine Anfangsphase von einem Viertel der Zeit, der mittleren Phase plus Vorbereitung der Beendigung von der Hälfte und die eigentliche Beendigungsphase ebenfalls von einem Viertel der Zeit. Die Übergänge von einer Phase zur anderen lassen sich aber nicht berechnen, sondern kündigen sich dadurch an, dass die Bündnisaufgaben von den Bezugspersonen und dem Psychotherapeuten bewältigt wurden.

Besonders in der Anfangsphase sind die Eltern gefangen in kontrollierenden Interaktionen und in der Wut einer ausschließlichen Beziehungsvorstellung und sie finden keinen Zugang zu ihrer primären, prinzipiell offen-erlaubenden Liebe. Einige Eltern externalisieren verhasste Selbstanteile auf ihr Kind. Andere externalisieren, um Unterschiede auszulöschen. Die Externalisierung erfolgt durch Generalisierung, Ursachen- und Schuldzuschreibung, Externalisierung des Triebs und Projektion (Novick & Novick, 2009, S. 108 ff.). Eltern, die sich ungeliebt fühlen, fürchten besonders, dass das Kind seine Liebe dem Therapeuten schenken wird. Unbewusst halten sie sich aufgrund eines geringen Selbstwertgefühls für Versager, inkompetent und nicht liebenswert. Es gehört m. E. zu den Aufgaben des Therapeuten, die Eltern mit ihren liebenswerten Seiten annehmen zu können und damit auch falls nötig für das Kind den Weg zu diesen Seiten zu ebnen.

Diese Bündnishilfe und triangulierende Unterstützung kann dem Therapeuten gelingen, indem er

1. indirekt auf die Ängste eingeht und die Kompetenzen der Eltern direkt thematisiert,
2. direkt nachfragt und erforscht, wie die Ängste mit den Biographien der Eltern zusammenhängen (– das macht oft einen Großteil der Arbeit aus),
3. sich mit den Eltern identifiziert. Das ist die wichtigste Aufgabe, damit die Eltern sich verstanden *fühlen*.

Fallbeispiel

Die Eltern eines kleinen Mädchens konsultieren die Therapeutin, weil ein Schulbesuch trotz eines festgestellten IQ-Ergebnisses von 116 Punkten aufgrund der mangelnden kognitiven Reife nicht möglich scheint. Sie sind froh über ihre autonome Entwicklung in der Anfangsphase der Behandlung. Die Patientin freut sich sehr auf die Schule und auf die Therapiesitzungen. Der Tod der Großmutter mütterlicherseits nach langem Leiden und Pflege durch die Mutter hat zur Folge, dass die Mutter das Mädchen plötzlich nicht mehr zur Therapie bringen will. In den Elternsitzungen denkt sie offen über andere Hilfsmöglichkeiten nach und äußert, dass Medikamente oder psychiatrische Behandlung sowie Beschulung durch eine Förderschule ihrem Kind jetzt bestimmt besser und effektiver helfen könne.

In diesem Fallbeispiel ist es wichtig, zuallererst mit der Mutter zu besprechen, dass man zusammenarbeitet und sie ihr Kind durch die Therapie nicht verlieren wird. Im Gegenteil – die Beziehung kann sich sogar intensivieren, so wie es ihr Wunsch ist. Als zweites wird vermutlich der Tod der Großmutter in seiner Bedeutung für die Mutter zu bearbeiten sein. Schließlich ist es wichtig, so sehr die Reaktion der Mutter sofort als Rationalisierung und Agieren von Ängsten erkannt wird, diese Reaktion nicht aus einem eigenen Kränkungserleben oder Verlustängsten mit Rechtfertigungen und schnellen Deutungen zu beantworten, sondern sich zuerst mit ihr zu identifizieren und ihre Gefühle und Handlungen emotional zu validieren.

Der Wunsch der Eltern, die schrittweise altersangemessene Ablösung des Kindes fest im Griff haben zu wollen und der sich daraus ergebende Versuch, die Behandlung zu kontrollieren, muss aus zwei Gründen respektiert werden. Möglicherweise wollen sich die Eltern aus neurotischen Gründen damit die Illusion bewahren, es gäbe keine Getrenntheit zwischen ihnen. Diese Illusion darf dann nicht abrupt zerstört werden, sondern muss langsam bearbeitet werden. Z. B. kann nachgefragt werden, worin sie Ähnlichkeiten mit ihrem Kind sehen und was sie als unterschiedlich erleben. Und zweitens sind die Eltern real und berechtigterweise diejenigen, die fast immer fühlen, dass sie ihr Kind schützen müssen. Und das fühlen sie, egal wie beeinträchtigt sie selbst sind. Der Psychotherapeut muss realistisch bleiben und anerkennen, dass er ein Dazugekommener ist, dies auch nur für eine gewisse Zeit bleibt und er sich das Vertrauen der Eltern erst verdienen muss.

Manchmal ist es sogar wichtiger, den Eltern diese Sicherheit zu vermitteln und das Kind »zurückzustellen« und es seltener zu sehen, bis Mutter und/oder Vater wieder einen Schritt weiter gehen können. Im letzten Beispiel war diese Maßnahme eine Zeitlang erforderlich.

In dieser Phase sind regelmäßige Gespräche mit den Bezugspersonen wichtig, um ihre Gefühle von Traurigkeit, Ausgeschlossen- und Verlassensein angesichts des Erlebens, das erste Mal nicht vollständig über eine Erfahrung ihres Kindes Bescheid zu wissen, verstehen zu können. Versäumt der Therapeut es, diese regelmäßigen Gespräche zu vereinbaren, so besteht die Gefahr, dass es zu einer »negativen therapeutischen Motivation« (Novick & Novick, 2009) kommt. Die wenigsten Eltern haben nämlich vollständig entwickelte triadische Fähigkeiten. Besonders in der Arbeit mit strukturell wenig integrierten Eltern kommt die Aufgabe auf den Therapeuten zu, »die Eltern in der Wahrnehmung ihrer eigenen Emotionen zu unterstützen und mit ihnen gemeinsam die Einordnung und Verarbeitung zu versuchen« (Ahlheim, 2007, S. 264). Ahlheim betont, dass es für die Eltern erkennbar sein solle, dass es sich um ein gemeinsames Nachdenken handele, bei dem die Kindertherapeutin oder der Kindertherapeut das Wissen und Denken zur Verfügung stelle, und nicht um eine »Verordnung« (ebd., S. 264).

> **Fallbeispiel: Mentalisierungsarbeit in der begleitenden Psychotherapie**
>
> In der Arbeit mit einem strukturell eingeschränkten Vater ist es erforderlich, gemeinsam über seine Sicht auf das Kind nachzudenken, d. h. gemeinsam zu mentalisieren. Er kann einsehen, dass seine Tochter Hilfe benötigt und dass eine Therapie eine gute Option darstellt. Gleichzeitig kann er jedoch die Abhängigkeit in einer therapeutischen Beziehung und die Elternarbeit schwer akzeptieren. In seiner Kindheit ist er selbst so wenig beachtet worden, dass er die Überzeugung entwickelt hat, man solle sich nicht von jemandem abhängig machen. Diese Überzeugung ist für ihn nicht nur ein Gedanke oder ein Gefühl, sondern Realität (Äquivalenzmodus). Er spricht daher auch nicht über die schwierigen Gefühle, die die Therapie der Tochter und seine eigenen Gespräche auslösen, sondern lebt sie konkret aus, indem er die Therapie und den Therapeuten durch Vorschriften, Verweigerungen bis hin zu Beleidigungen versucht zu kontrollieren. Fast haben diese Beleidigungen den zu erwarteten Effekt, dass sich der Psychotherapeut gekränkt zurückzieht und damit ungewollt die Überzeugung des Vaters bestätigt, dass man sich ja doch auf niemanden verlassen könne. Dem Therapeuten gelingt es allerdings, ruhig zu bleiben, die Distanzierungen zuzulassen und damit das Sicherheitsgefühl des Vaters zu erhöhen. Dadurch wird Exploration möglich, und zwar die Exploration der Notwendigkeit einer konkreten Regulation schwieriger Gefühle und Bedürfnisse sowie anschließend die Exploration des Handlungsdrucks des Vaters.

Die Arbeit mit anderen Bezugspersonen als den leiblichen Eltern ist in der Praxis häufig anzutreffen. Der besseren Lesbarkeit halber habe ich in weiten Teilen dieses Buches von der Elternarbeit gesprochen und nicht jedes Mal differenziert, ob es um die Arbeit mit einem, zwei oder mehreren Elternteilen geht, ob es sich um leibliche Elternteile handelt oder um Pflege-, Adoptiveltern oder Erziehungs- und Betreuungspersonen. Getrennt lebende oder geschiedene Eltern können die Therapie ihres Kindes genauso unterstützen wie Eltern, die in der traditionellen Familienform leben. Bestehen massive offene oder schwelende Konflikte unter den Eltern, droht die Elternarbeit oft zu einem Kriegsschauplatz zu werden. Bei hochstrittigen Eltern kann die Prognose für die Therapie so ungünstig sein, dass die Indikation für eine Behandlung schon allein aus diesem Grund nicht gegeben ist. Besonders bei sogenannten Patchworkfamilien, wenn die Eltern des Kindes jeweils neue Partner und auch weitere Kinder (Stief- und Halbgeschwister) haben, ist sorgfältig zu erwägen, mit wem in welcher Konstellation gearbeitet werden sollte.

Es kommt vor, dass ein Elternteil, meist der Vater, nach einer Trennung aus verschiedenen Gründen für den anderen Elternteil wie nicht-existent und für die Kinder sowohl äußerlich und innerlich wie »verloren« wirkt, und es kann passieren, dass der Psychotherapeut besagten Elternteil auch »vergisst«. Damit dies nicht so einfach geschehen kann, ist es wichtig, dass Psychotherapeuten und auch Supervisoren überlegen, welche Erinnerungshilfen sie nutzen können, um nicht der Gefahr einer gemeinsamen Verdrängung oder Verleugnung zu erliegen. Zu fragen ist im Sinne von Triangulierung, wie der abwesende Elternteil bei allen Beteiligten repräsentiert ist.

Bei Pflegeeltern und auch professionellen Erziehungs- und Betreuungspersonen besteht die Besonderheit in der gemeinsamen Arbeit, dass sie sich oft mehr als Kollegen denn als Bezugspersonen betrachten. Dennoch spielen natürlich auch die Motive dieser Bezugspersonen, wie evtl. eigene Kinderlosigkeit, Wiedergutmachungswünsche oder »altruistische Abwehr von Neid und Hass« (Ahlheim, 2007, S. 265) eine Rolle. Ahlheim spricht davon, es sei »wohl eine Frage des Fingerspitzengefühls, wann Pflegeeltern eher im Sinne einer Supervision unterstützt werden sollten, wann ihre Mitarbeit im Sinne einer »begleitenden Psychotherapie« fruchtbarer sein könnte und wann ihre Motivation dafür nicht ausreicht.« (ebd., S. 265). Meiner eigenen Erfahrung nach kann diese Motivation über die Zeitspanne der Therapie hinweg äußerst schwankend sein.

Adoptiveltern und auch Erziehungs- und Betreuungspersonen aus dem familiären Umfeld (z.B. die Großeltern) fühlen sich meist mehr als

»wirkliche Eltern«. Auch bei ihnen spielen altruistische Gründe eine Rolle. Kränkungen, Enttäuschungen und Fremdheitserleben sind häufig tiefer und beeinträchtigen stärker. Bei Adoptiveltern und auch bei Elternfiguren aus dem familiären Umfeld des Kindes ist davon auszugehen, dass es eine zwar andere aber dennoch genauso intensive Verflechtung eigener intrapsychischer Konflikte mit denen des Kindes gibt. »Die Konflikte und Ängste werden eine spezifische Prägung haben, aber die Verwobenheit von elterlicher und kindlicher Innenwelt ist ebenso das zentrale Thema wie in jeder anderen »begleitenden Psychotherapie der Bezugspersonen«.« (Ahlheim, 2007, S. 266). Lutz weist darauf hin, dass eine Gefahr, die besonders in der Adoptivsituation zu einer ernst zu nehmenden Stolperfalle werde, darin bestehe, die »Bereitschaft, eigene ungeliebte Persönlichkeitsanteile auf den anderen zu projizieren und dort zu bekämpfen« (Lutz, 2014, S. 155).

Die beschriebene intensive begleitende Psychotherapie der Bezugspersonen kann also –unabhängig davon, in welchem Verhältnis sie zum Kind stehen – meist nur in einem regelmäßigen Setting gelingen. Eine weitere bedeutsame Begründung für regelmäßig angelegte Gespräche, die bei 1-stündiger Frequenz in der Regel 1–2-mal im Monat oder bei 2-stündiger Frequenz 14-tägig oder wöchentlich zu einer immer gleichen Zeit angeboten werden sollten, besteht darin, mit fest vereinbarten Terminrhythmen die neutrale therapeutische Position besser schützen zu können und die Unverzichtbarkeit der Einbeziehung der Eltern zu unterstreichen. Nach dem Motto »die Ernsthaftigkeit der Absichten und Worte erkennt man an den Taten, die folgen«.

7.2 Therapeutische Interventionen

In der Anfangsphase gibt es typische Problemsituationen und hilfreiche Reaktionen seitens des Therapeuten darauf. Die Bezugspersonen können z. B. in Unruhe geraten, weil es in der kindlichen Entwicklung Phasen von

Stagnation gibt. Die Aufgabe des Therapeuten besteht darin, die Eltern dabei zu halten und ihnen gut zuzusprechen. Manche Kinder reagieren auf Unruhe oder Unsicherheit der Eltern so, dass sie die »Flucht in die Gesundheit« antreten. Dann kommt es für den Therapeuten darauf an, den Eltern gute, nach Möglichkeit tiefere Behandlungsbegründungen aufzuzeigen.

Eine Schwierigkeit besteht darin, dass manchmal das Kind größere Fortschritte macht als die Eltern. Der Therapeut sollte die Arbeit mit den Eltern so ausbalancieren, dass die Eltern mit der Entwicklung des Kindes mithalten können. Hinzu kommt, dass der Therapeut auch die Übertragung des Kindes besser verstehen kann, wenn er Informationen von den Eltern bekommt und ein Verständnis für die Geschichte der Eltern und der Familie entwickelt. Eine Aufgabe, die auf die Eltern zukommt, ist, dass sie mit der Reifung ihres Kindes eine neue Stufe der Elternschaft erreichen müssen. Waren sie z. B. zu Anfang die Eltern eines jungen Kindes mit Trennungsangst, müssen sie sich ein paar Monate später darauf einstellen, Eltern eines Jugendlichen zu sein. Der Therapeut hat hier haltende und *containende* Aufgaben.

Therapeuten müssen sich bei getrennten oder geschiedenen Eltern oft entscheiden, ob sie es akzeptieren, wenn sich nur ein Elternteil an der Behandlung beteiligt. Nehmen beide aktiv an der Therapie teil, ist es nicht Gegenstand der begleitenden Therapie, die nachehelichen Streitigkeiten allgemein zu klären, sondern nur soweit sie das Kind betreffen. Die Zusammenarbeit als Eltern wird betont, unabhängig davon, ob die Eltern dann zu getrennten Gesprächen kommen wollen.

Besonders bei strukturell eingeschränkten Eltern, die zu Impulsivität neigen, besteht eine grundlegende Aufgabe darin, ihnen die Kraft der Worte nahebringen. Es ist für viele Patienten nicht selbstverständlich, dass dem Gespräch ein hoher Stellenwert in ihrem Leben beigemessen wird. Im Gegensatz dazu erwarten Psychotherapeuten Veränderung und Heilung erklärtermaßen zu einem großen Teil durch die Macht der Worte.

Im Elterngespräch kann der Therapeut das Vertrauen in das Selbstbewusstsein und Selbstwertgefühl der Eltern stärken. Aber nicht nur die Worte, die im Gespräch ausgetauscht werden, sind von Bedeutung, sondern auch der innere Dialog, der bei jedem angestoßen wird. Der innere Dialog bestimmt die Gefühlslage, die Einstellung zu sich selbst, zum Kind und zum Therapeuten. Der Psychotherapeut hat also z. B. durch die Themen, die er anspricht oder durch die Art, wie er über andere Familienmitglieder spricht, Einfluss auf den inneren Dialog der Eltern.

Der Therapeut kann durch seine Worte innere Bilder auslösen und so an den inneren Mustern arbeiten oder neue Bilder entstehen lassen. Umgekehrt können auch die Worte der Eltern im Therapeuten Bilder wachrufen und damit seine Sicht auf die Dinge bestätigen oder verändern. In einer intensiven Elternarbeit kann es sein, dass durch das Gespräch Einfälle entstehen, die längst vergessen geglaubte Erinnerungen, Geschichten, Mythen und Märchen wachrufen. Innere Bilder sind nach Hüther die Vorstellungen, die wir in uns tragen und die unser Denken, Fühlen und Handeln bestimmen (Hüther, 2006). Man kann sie sich vorstellen als im Gehirn abgespeicherte Muster, die wir brauchen, um uns in der Welt zurechtzufinden. Damit ist noch nicht gesagt, in welchem Denk-Modus diese Bilder auftauchen. Interventionen müssen verschieden sein, je nachdem ob Bilder im Äquivalenz-, Als-Ob- oder reflektierenden Modus auftauchen.

Die Arbeit an inneren Bildern ist zentrale Aufgabe von Psychotherapeuten auch in der Elternarbeit: »Therapeuten versuchen, andere Menschen in die Lage zu versetzen, Sicherheit bietende innere Bilder wachzurufen, wenn Angst erzeugende Bilder übermächtig und damit denk- und handlungsbestimmend zu werden drohen. Und sie versuchen, zu eng und übermächtig gewordene innere Bilder, die das Denken, Fühlen und Handeln eines Menschen in immer enger werdende Sackgassen leiten, wieder zu öffnen, aufzulösen, weiter und lockerer zu machen« (Hüther, 2006, S. 16).

Innere Bilder, die Familienmitglieder betreffen, tauchen bei den Eltern auf (und auch beim Therapeuten) z. B. nach Interventionen des Psychotherapeuten. Sie können aber auch durch Nachfragen des Psychotherapeuten aktiv angeregt werden.

Oft stellt sich in der Anfangsphase der Behandlung z. B. heraus, welche Übertragungen von Seiten der Eltern auf dem Kind lasten. Der Sohn kann etwa als der verhasste Bruder der Mutter gesehen werden. Diese Übertragungen müssen so weit wie möglich aufgedeckt werden. In der Elternarbeit kann an dieser negativen Übertragung auf das Kind gearbeitet werden, indem der Therapeut den Eltern hilft, neue Bilder zu entwerfen.

Bauer schreibt in seinem Buch »Prinzip Menschlichkeit« über die Macht von Menschenbildern (Bauer, 2007, S. 10). Seiner Meinung nach formen sie den Umgang mit der Welt und die Erwartungen an die Welt. So wie es manchmal nur eine Person im Leben eines Kindes sein muss, die gut zu ihm ist und ihm damit zeigt, dass es selbst wichtig ist (Bauer, 2007), so braucht es manchmal nur eine Person, die gut zu den Eltern ist und ihnen zeigt, welche Möglichkeiten in ihnen und ihren Kindern stecken.

7.3 Besonderheiten der Jugendlichen-Psychotherapie bei Beginn der Therapie

Brauchen ältere Jugendliche einen geschützten Raum, in dem es keine Elternarbeit mehr gibt? Gelten dann die konzeptionellen Überlegungen zur Wichtigkeit der Elternarbeit nicht für die Arbeit mit älteren Jugendlichen? Ich gehe davon aus, dass Elternarbeit auch bei älteren Jugendlichen und Adoleszenten sinnvoll sein kann, aber nicht in jedem Fall. Oft werden die Jugendlichen in die Elterngespräche auf Wunsch aller einbezogen. Manchmal kommen Jugendliche mit dem ausdrücklichen Wunsch, die Eltern nicht mit einzubeziehen. Selbst wenn dieser Wunsch akzeptiert werden muss, bedeutet das nicht, die Gründe und Motive nicht auch besprechen zu können. In einigen Fällen kann so Elternarbeit »im Kopf« praktiziert werden.

Mit meinem Plädoyer für die Elternarbeit auch bei älteren Jugendlichen beziehe ich mich konzeptionell auf Novick und Novick, die schreiben, das Ziel der adoleszenten Entwicklung und somit der Jugendlichenpsychotherapie bestehe »nicht in der Separation, sondern in der Transformation oder Veränderung der Eltern-Kind-Beziehung und der Integration der neuen Selbstrepräsentanz.« (Novick & Novick, 2009, S. 171). Die Jugendlichen haben die körperlichen und psychischen Veränderungen zu verkraften und in eine neue Beziehung zu ihren Eltern zu integrieren. Dabei können sie, wenn es möglich ist, die Unterstützung der Eltern nachfragen, denn die Eltern tragen nach wie vor die primäre Verantwortung. Umgekehrt brauchen Eltern zuweilen Unterstützung dabei, den Veränderungen ihrer Kinder folgen zu können. Wenn der Jugendliche das (noch) nicht leisten kann, ist therapeutische Hilfe in Form begleitender Psychotherapie oft angezeigt. Bestenfalls entwickelt sich die Eltern-Kind-Beziehung in eine lebenslange gesunde, wechselseitige Abhängigkeit. Wenn Jugendliche die Eltern außenvorlassen wollen, muss auch in Betracht gezogen werden, dass der Jugendliche sich selbst einer »realistischen, lebenslangen Ressource der Elternliebe« berauben will, um sich sein Omnipotenzgefühl zu bewahren (ebd., S. 181). Wenn der Psychotherapeut selbst in einem situativ oder biographisch verankerten unbewussten Omnipotenzgefühl verhaftet ist, kann es sein, dass er dieses selbstschädigende Motiv des Jugendlichen nicht durchschaut. Der Therapeut sollte, wenn es nicht anders geht, dem Wunsch des Jugendlichen nach Ausschluss der Eltern folgen, aber offen gegenüber einer möglichen Einbeziehung der Eltern bleiben.

Fallbeispiel

Eine jugendliche Patientin will ihre Eltern auf keinen Fall in die Therapie einbeziehen. Die Therapeutin thematisiert das einige Male, akzeptiert aber den Wunsch der Patientin. Es werden weder begleitende Sitzungen geplant noch beantragt. Im Verlauf der Therapie ruft die Mutter der Patientin mehrmals an, meist um zu sagen, dass sie sich viel streiten und sie nicht mit ihrer Tochter zurechtkomme. Die Therapeutin gibt an, der Patientin vom Anruf der Mutter zu berichten, spricht aber auch eine Weile mit der Mutter und versucht mit ihr gemeinsam zu ergründen, was wohl in den beiden vorgegangen ist. Sie informiert die Patientin jedes Mal über die Anrufe der Mutter und hat damit eine Möglichkeit, auch mit der Patientin darüber zu sprechen, was ihrer Meinung nach wohl bei dem Streit in den beiden vorgegangen ist.

Mit diesem Vorgehen bewahrt die Therapeutin einerseits die neutrale Haltung, respektiert den Wunsch der Patientin, die Eltern nicht regelmäßig einzubeziehen, lässt sich aber auch nicht kontrollieren bzw.

dominieren in ihrem Wunsch, die Beziehung zwischen Mutter und Tochter zu analysieren und nach Möglichkeiten der Befriedung zu suchen.

Der Übergang in die mittlere Behandlungsphase beginnt

1. wenn die körperliche Trennung von den Eltern nun bestenfalls ertragen werden kann, wenn die Eltern ahnen, dass der Übergang in die psychische Getrenntheit ansteht, wenn Eltern Angst haben vor dem Wegfall der Möglichkeit, ihr eigenes defensives Gleichgewicht zu halten
2. wenn das Kind körperliche Trennung gut aushalten kann und positiv darauf reagiert; wenn Eltern dann manchmal mit abrupter und gewaltsamer Rückeroberung der vollständigen physischen Kontrolle reagieren.

Hauptaufgabe des therapeutischen Bündnisses besteht dann in der Bearbeitung von Verlust und Getrenntheit bei Erreichen von mehr Individuation und Autonomie. Als Therapeut stellt sich einem die Aufgabe, die Autonomie des Kindes zu schützen und gleichzeitig positive Kommunikation in der Familie und wechselseitige Respektierung zu fördern. Es ist dazu erforderlich, sich mit dem Kind *und* den Eltern zu identifizieren.

Die mittlere Behandlungsphase beginnt also, wenn der Übergang in die Entwicklung von *psychischer* Getrenntheit von Eltern und Kind ansteht.

7.4 Kapitelabschluss

7.4.1 Zusammenfassung

In der Anfangsphase der Behandlung wird die zentrale Bündnisaufgabe der Eltern darin gesehen, die Beziehung des Kindes zum Therapeuten zulassen und die körperliche Trennung akzeptieren zu können. Aufgabe des Psychotherapeuten ist es in dieser Phase, die Eltern dabei zu unterstützen und ggf. herauszufinden, was sie blockiert. Die meist unbewusste Angst vor dem Verlust des Kindes oder dem Verlust seiner Liebe spielt dabei oft eine Rolle. Besonders in der Anfangsphase finden die Bezugspersonen manchmal keinen Zugang zu ihrer primären, prinzipiell offen-erlaubenden Liebe. Eltern, die sich ungeliebt fühlen, fürchten besonders, dass das Kind seine Liebe dem Therapeuten schenken wird. Es ist insofern entscheidend, ob der Psychotherapeut die Eltern mit ihren liebenswerten Seiten annehmen kann und damit auch – falls nötig – für das Kind den Weg zu den liebenswerten Seiten der Eltern ebnen kann. Die wichtigste Bündnishilfe des Psychotherapeuten besteht m. E. darin, sich mit den Eltern zu identifizieren, damit diese sich verstanden *fühlen*.

Zudem hilft diese Identifikation dem Psychotherapeuten, realistisch zu bleiben und anzuerkennen, dass er ein Dazugekommener ist, dies auch nur für eine gewisse Zeit bleibt und er sich das Vertrauen der Eltern erst verdienen muss. So wie es manchmal nur eine Person im Leben eines Kindes sein muss, die gut zu ihm ist und ihm damit zeigt, dass es selbst wichtig ist (Bauer, 2007), so braucht es manchmal nur eine Person, die gut zu den Eltern ist und ihnen zeigt, welche Möglichkeiten in ihnen und ihren Kindern stecken.

7.4.2 Literatur zur vertiefenden Lektüre

Ahlheim, R. (2007). Die begleitende tiefenpsychologisch fundierte Psychotherapie der Bezugspersonen. In: H. Hopf & E. Windaus (Hrsg.). *Psychoanalytische und tiefenpsychologisch fundierte Kinder- und Jugendlichenpsychotherapie. Lehrbuch der Psychotherapie Band 5.* (S. 253–269). München: CIP-Medien.

Bauer, J. (2007). *Prinzip Menschlichkeit. Warum wir von Natur aus kooperieren.* Hamburg: Hoffmann und Campe.

Lutz, C. (2014). *Adoptivkinder fordern uns heraus.* Stuttgart: Klett-Cotta.

7.4.3 Weiterführende Fragen

- Welche Ängste der Bezugspersonen spielen in der Anfangsphase der Behandlung eine Rolle und wie kann diesen begegnet werden?
- Welche zusätzlichen Herausforderungen bringt die Arbeit mit den Bezugspersonen in der Jugendlichenpsychotherapie für alle Beteiligten mit sich?
- Aus welchen Gründen mag es Psychotherapeuten schwerfallen, sich mit den Bezugspersonen zu identifizieren?

8 Die mittlere Therapiephase

> Im Gegensatz zu vielen Psychotherapien, in denen – meiner Beobachtung nach – die Arbeit mit den Bezugspersonen in der mittleren Phase seltener bis gar nicht stattfindet, ist sie gerade in dieser Phase absolut notwendig. Ein Rückzug der Eltern und fehlender Kontakt zu ihnen kann abrupt und unerwartet zu einem Abbruch führen und die bisherige Arbeit zunichtemachen. Die Darstellung der Bündnisaufgaben, der Aufbauarbeit und der typischen Widerstände, die es zu bearbeiten und durchzuarbeiten gilt, ist Inhalt dieses Kapitels.

Die mittlere Therapiephase ist die Phase der weiteren Exploration und Durcharbeitung der Themen, sowohl in der Arbeit mit dem Kind als auch der mit den Bezugspersonen. Die positive Entwicklung einer zunehmenden psychischen Unabhängigkeit zwischen Eltern und Kind bedeutet für den Therapeuten, sich immer mehr darauf fokussieren zu müssen, dass zwei (oder mehr) miteinander in Wechselwirkung stehende Prozesse in Gang sind, die aber zunehmend unabhängig zu laufen *scheinen*. Erst wenn der eine Prozess (meist der mit den Eltern) vernachlässigt wird, wird der Therapeut in vielen Fällen irgendwann bemerken, dass diese Vernachlässigung Auswirkungen auf den anderen Prozess (meist mit dem Kind) hat. Diese Auswirkungen und Wechselwirkungen sind in vielen Fällen negativ, und es werden Chancen darauf verspielt, dass Kind und Eltern eine Vorstellung von wechselseitiger Verbundenheit integrieren können. Auch in dieser Phase ist die Container-Funktion des Therapeuten sehr gefragt.

8.1 Bündnisaufgaben und Ängste

Die Bündnisaufgaben der mittleren Phase bestehen im Wesentlichen darin, dass die Bezugspersonen ihrem Kind Getrenntheit, Individuation und Autonomie erlauben können. Wieder werden spezifische Ängste aktiviert, die sich auf die Angst, verlassen zu werden, die Angst, die Liebe des Kindes zu verlieren sowie die Angst, in Einsamkeit alt zu werden, beziehen. Besonders in der Jugendlichenpsychotherapie haben die Eltern selbst auch mit den Anforderungen und Ängsten des Übergangs in eine neue Lebensphase zu tun. Diese Ängste melden sich besonders stark, wenn der Patient das einzige oder jüngste Kind ist und die Eltern keine Vorstellung von wechselseitiger Verbundenheit in späteren Lebensphasen entwickelt haben, sei es als Kind oder im Zusammenleben mit ihren Kindern.

Die Partnerschaft, das Berufs- und Privatleben offenbaren sich in ihrer Sinnhaftigkeit in ganz neuer Weise. Die mittlere Phase der nun nicht mehr »jungen« Psychotherapie erinnert Eltern (unbewusst) oft daran, dass sie nun selbst nicht mehr ganz jung sind und ihre Kinder auf dem Weg ins junge Erwachsenenalter sind. Die Eltern können zwar noch daran teilhaben, aber es ist nicht mehr ihre Lebensphase. Sie haben möglicherweise mit dem *empty-nest-syndrome* zu tun und können bei einem progressiven Ausgang dieser inneren Auseinandersetzung mit Hilfe des Therapeuten die neuen Chancen und Möglichkeiten sehen und nutzen.

Zunächst aber kann die Bündnisaufgabe dieser Phase, nämlich dem Kind eine eigene intrapsychische Welt und Entwicklung zuzugestehen, wie ein Angriff auf wesentliche Anteile der eigenen Persönlichkeit, insbesondere der eventuell gerade gefestigten Anteile der Elternpersönlichkeit empfunden werden. Insofern ist es für die Eltern nicht leicht, mit der Entwicklung des Kindes in Therapie, das ja meist auch ein Vielfaches mehr an Sitzungen hat, mitzuhalten.

> **Exkurs**
>
> Ich denke nach wie vor, dass das Verhältnis 4:1, das als Regelverhältnis in einer Zeit Eingang in die Richtlinienpsychotherapie gefunden hat, als die höherfrequente Kinder- und Jugendlichenpsychoanalyse den größten Teil der Behandlungen ausmachte, überdacht werden sollte zugunsten eines Regelverhältnisses von z. B. 2:1. Dies gilt insbesondere für fokussierte Kurzzeit- und Kurztherapien, vgl. z. B. »Psychoanalytische Kurzzeittherapie mit Kindern« (Göttken & von Klitzing, 2015).
>
> Vielleicht könnte ein Regelverhältnis von 2:1 auch ein »Statement« sein, dass die Angst davor, dass begleitende Psychotherapie der Bezugspersonen eine individuelle Therapie oder eine Konkurrenz bzw. einen Ersatz für individuelle Erwachsenentherapie darstelle, gegenstandslos ist. Zwar ist mit einer angemessenen Begründung auch heute schon eine höhere Frequenz in der Elternarbeit möglich, aber ein Regelverhältnis von 2:1 wäre ein Signal an Therapeuten und Bezugspersonen, die Elternarbeit nicht vernachlässigen zu *dürfen*. Es würde automatisch den Stellenwert der begleitenden Psychotherapie der Bezugspersonen in Curricula, Aus- und Weiterbildung mehr stärken als alle theoretischen Appelle.

Es ist meist so, dass sich die Eltern zu Beginn dieser mittleren Phase zurückziehen und viele Therapeuten dies zulassen und vielleicht sogar unbewusst mit Erleichterung begrüßen, weil die Therapie des Kindes nun läuft, das Kind sich meist positiv entwickelt und im Sinne des »Alleinseins in Gegenwart eines Anderen« (Winnicott, 1979, S. 59) über Wochen und Monate »seine Entwicklung« macht. Dieser Rückzug der Eltern und des Psychotherapeuten wird dann meist nicht als unbewusste Angstbewältigung und Widerstand gesehen und empfunden. Erst wenn möglicherweise Abbruchtendenzen – (»Es passiert ja nichts.«) oder Ungeduld (»Wie lange dauert es denn noch?«) sich zeigen, tritt ins Bewusstsein, dass die Eltern vermutlich ihre Ängste vor Verlassenheit, Einsamkeit und Liebesverlust durch Rückzug zu bewältigen versuchen. Damit schützen sie ihre eigenen Abwehr- und Über-Ich-Strukturen und versuchen die Bearbeitung der mit der Entwicklung des Kindes aktivierten eigenen früheren

Erfahrungen zu vermeiden. Womöglich geht es dem Therapeuten ähnlich und er scheut sich vor der Identifikation mit den Eltern.

Im günstigsten Fall treten die Eltern nach einer konstruktiven Zeit der Zusammenarbeit mit dem Therapeuten in diese mittlere Phase ein. Versagensängste und Schuldgefühle konnten in sinnvolle Sorge transformiert werden und sie haben gelernt ihr Kind auch als getrennte Person wahrzunehmen. Nun muss es einen Schritt weitergehen, wenn alles dafür getan werden soll, dass die Therapie zu einem guten Ende kommen und dem Patienten und den Bezugspersonen eine individuelle Weiterentwicklung ermöglicht werden kann. Dieser Schritt besteht wie erwähnt darin, die psychische Getrenntheit des Kindes auszuhalten und bestenfalls sogar unterstützen zu können. Wesentlich geschieht dies durch die Umstimmung der elterlichen Gefühlslage hin zur Liebe zum Kind sowie der Entwicklung von (gegenseitigem) Vertrauen, Freude und Respekt.

8.1.1 Die unbewusste pathogene Überzeugung

In der mittleren Behandlungsphase hat man die Eltern im optimalen Fall gut kennengelernt und kann zu tieferen Schichten der Bearbeitung vordringen. Beispielsweise ist es manchmal möglich, unbewusste pathogene Überzeugungen (Weiss, 1993), die dem Wachstum der Eltern-Kind-Beziehung im Wege stehen, zu bearbeiten.

Fallbeispiel

Es stellt sich in der gemeinsamen Elternarbeit heraus, dass ein Vater nicht nur Schwierigkeiten hat den passenden Abstand zum Patienten, sondern auch zu allen anderen Familienmitgliedern einzuhalten. Er steht bereits mit Hilfsangeboten parat oder hat Aufgaben schon erledigt, wenn die Frau oder die Kinder noch überlegen, ob sie es wohl schaffen bzw. wie sie die Aufgaben am besten angehen könnten. In der Familie kommen Empörung und Wut auf verbunden mit Auffassungen, der Vater wolle dominieren, sich als besser darstellen und alle anderen unfähig dastehen lassen. Das Gespräch mit ihm und seiner

> Frau ergibt jedoch, dass er seine Liebenswürdigkeit sichern möchte, indem er behilflich ist und gebraucht wird. Er hatte als Kind von seinen Eltern kontinuierlich Ablehnung erfahren und ein Muster seiner selbst als nicht beachtens- und liebenswert entwickelt. Derartige Überzeugungen, die sich in früher Kindheit bilden, sind durch die starke Bindung des Kindes zu seinen Eltern bekanntermaßen sehr stabil. Der Patient fürchtet die Aufgabe der pathogenen Überzeugung, da damit die Angst verbunden ist, die Bindung zu den Eltern zu schwächen und die Beziehung zu verlieren.

Der Therapeut hat die Aufgabe in dieser Situation, grundsätzlich freundlich und akzeptierend zu bleiben und nicht in die ablehnenden Reaktionen der übrigen Familienmitglieder einzusteigen. Erst dann kann er zu den dahinterliegenden unbewussten Überzeugungen vordringen und es entsteht die Chance, dass der Patient/Vater die pathogene Überzeugung »Jeder lehnt mich ab, und es gibt gute Gründe dafür« widerlegt sieht und verändern kann.

Nachdem diese unbewusste Überzeugung ausgesprochen ist und auch die anderen Familienmitglieder die Motive des Verhaltens verstanden haben, können alle mithelfen, dem Vater seine Liebenswürdigkeit zu bestätigen, weil sie in der Lage sind zu begreifen, dass es dem Vater nicht um Dominanz um der Dominanz willen geht.

8.1.2 Die Ängste

Ängste nehmen mit zunehmender Vertiefung und steigender Komplexität der Dynamik zu. Unbewusste Konflikte und Widerstände werden heftiger, weil die inhaltliche Vertiefung oft mit einem Wiederaufleben schwieriger Momente der eigenen Biographie verbunden ist. Novick und Novick beschreiben drei problematische Dynamiken, »mit denen in aller Regel zu rechnen ist« (Novick & Novick, 2009, S. 157):

- Der reaktive Rückzug
- Ausweichen vor Konflikten der Bezugspersonen
- Schutz der Abwehr der Bezugspersonen

Der reaktive Rückzug
Die Entwicklung des Kindes und die eigenen therapeutischen Gespräche werden von den Bezugspersonen bei aller positiven Entlastung und Entwicklung auch – wie oben erwähnt – als Angriff auf ihre Abwehr – und Über-Ich-Strukturen erlebt. Werden die Eltern in die Therapie einbezogen, besteht die Möglichkeit, diese von ihnen unbewusst erlebten Angriffe, die oft unbewusste Gegenangriffe der Eltern zur Folge haben, zu verstehen und zu bearbeiten. Werden die Eltern nicht einbezogen, eventuell aus unbewusster Angst des Therapeuten vor diesen Gegenangriffen, besteht die Gefahr eines subtilen, rationalisierten Rückzugs der Eltern. Dieser Rückzug kann sich auf die Therapie, das Kind oder beides beziehen.

Wenn Eltern das Thema Autonomie z. B. nicht bearbeiten können, gehen sie oft in den Rückzug und wiederholen ihre eigene Geschichte. Novick und Novick schildern einen Fall, in dem die Mutter einer 8-jährigen Tochter einen niedergeschlagenen Eindruck machte, nachdem in der Woche zuvor die Fortschritte der Patientin im Gespräch thematisiert wurden (Novick & Novick, 2009). Die Mutter kann ihre Stimmungslage zunächst nicht bestätigen, denkt, dass sie möglicherweise eine Grippe ausbrüte. Dann reagiert sie auf die Rückmeldung der Therapeutin, dass sie traurig klinge, »mit Tränen«. »Sie haben Recht«, antwortete sie. »Es war mir gar nicht bewusst, aber ich bin traurig, und ich weiß nicht, warum.« (ebd., S. 159). Eine Woche später sagte sie: »Ich habe das Gefühl, etwas verloren zu haben, aber ich weiß nicht, was.« (ebd., S. 159). Mit der Mutter und dem Vater wurde nun über Autonomie gesprochen, darüber, dass sie selbst zwar Autonomie als Zurückweisung und den Verlust von Bindung erlebt hatten und sie im Begriff waren, dies aus Angst und Wut zu wiederholen. Es wurde aber auch besprochen, dass Autonomie überdies eine Erweiterung bedeuten könne und nicht zwangsläufig zu Verlust, Zurückweisung und im-Stich-lassen führen müsse.

Ausweichen vor Konflikten der Eltern
Selbst wenn die Eltern in die Therapie einbezogen bleiben, besteht die Gefahr, dass der Therapeut angesichts des großen Konfliktpotentials den zentralen Konflikten der Bezugspersonen ausweicht. Es bleibt dem Kind unbewusst nicht verborgen, wenn die Eltern mit Wut und Angst die

wachsende Autonomie des Kindes begleiten und diese Entwicklung möglicherweise sogar als »feindliche Zurückweisung« (Novick & Novick, S. 160) erleben. Wenn die Eltern sich aufgrund dessen vom Kind distanzieren, dann wird die größte Angst des Kindes wahr, nämlich im Stich gelassen zu werden. Auf diese Konstellation reagieren die meisten Kinder ihrerseits mit Rückzug und zwar von der Therapie oder dem Therapeuten. Wenn der Therapeut dies bemerkt, sollte er sich um die Einbeziehung der Konflikte der Eltern bemühen, denn auf das Kind einzuwirken, würde die Zwickmühle des Kindes nur noch verstärken. Eventuell muss der Therapeut sich sogar Hilfe in Supervision oder Selbsterfahrung suchen, um seine eigenen Ängste soweit bewältigen zu können, dass er den Konflikten der Eltern nicht ausweichen muss.

Schutz der Abwehr der Eltern
Auf der anderen Seite ist es neben der Arbeit an den Konflikten der Eltern wichtig, auch deren Abwehr zu schützen und am Widerstand entlang zu gehen. Es kann hilfreich sein, die Eltern hier als Patienten zu sehen, deren Abwehr geschützt werden muss und die erst dann bestimmte unbewusste Abwehrformationen abbauen oder verändern können, wenn es ihnen sicher genug erscheint. Es kann z.B. erforderlich sein, eine Zeitlang die Klagen der Eltern über bestimmte Unarten ihrer Kinder anzuhören und mit ihnen darüber zu diskutieren, ohne sofort zu sagen, dass dieselben Unarten auch bei den Eltern selbst oder einem Elternteil zu beobachten seien und dass man als Eltern mit gutem Beispiel vorangehen müsse. Diese Behutsamkeit wird notwendig, wenn die Grenzen der mentalen Kapazität der Eltern erreicht sind. Kallenbach schreibt: »Wenn Kinder nun außerhalb der Familie, in Kindergarten oder Schule verhaltensauffällig werden oder aber die Eltern phasenweise dekompensieren, bedeutet dies in der Regel, dass die Behälterfunktion der Familie nicht mehr ausreichend zur Verfügung steht und damit selbst eine minimale Abwehrleistung nicht mehr aufgebracht werden kann« (Kallenbach, 2024, S.158).

8.1.3 Destruktive Machtkämpfe in Familien

Besonders schwierig wird die Zurückhaltung für den Therapeuten, wenn in der Familie destruktive Machtkämpfe und offene Feindseligkeit an der Tagesordnung sind. Alle berichten über die Schlechtigkeiten der anderen oder alle verschanzen sich hinter Sprachlosigkeit Fremden und auch dem Therapeuten gegenüber. Bekommt der Therapeut schließlich eine Ahnung von den Machtkämpfen in der Familie, dreht sich das Täter-Opfer-Retter-Karussell meist schon so schnell, dass es schwer ist, einen therapeutischen Ansatzpunkt zu finden.

Destruktive Machtausübung ist meiner Auffassung nach gegeben, wenn destruktive Motive das Handeln bestimmen (ausführlich vgl. Althoff, 2017).

Eine Möglichkeit ist, dass diese Motive *bewusst und offen* in direkten Handlungen gezeigt werden. Z. B. kann direkte Macht ausgeübt werden durch Übergriffe, Einschüchterungen, Drohungen oder Mobbing, um sich auf jeden Fall in der machtvollen Position zu erleben. Es kann Manipulation und Lüge eingesetzt werden, um die Glaubwürdigkeit eines Familienmitgliedes schwer zu schädigen. Die nächste Etappe der Eskalation bildet daraufhin u. U. ein Sinnen auf Rache und Vergeltung. Meist nehmen diejenigen, die in diesen Kämpfen unterlegen waren, das nicht etwa einfach so hin, sondern machen eine offene Rechnung auf: »Das zahle ich ihm/ihr heim«. Die Verlierer »warten« auf eine Situation, in der sie ohne großes Risiko Rache und Vergeltung üben können.

Unter Geschwistern kann z. B. Ignoranz als Rache auftauchen. Mit Ignoranz ist es möglich, den anderen auflaufen zu lassen und ihm beispielsweise gegen die Eltern nicht zu helfen.

Häufig wird Verweigerung eingesetzt als nicht sofort wahrnehmbares, aber doch sadistisches Mittel. Selbst wenn die Verweigerung nicht komplett ist, so reicht es oft, die Unterstützung teilweise zu verweigern (z. B. das Zimmer gar nicht aufräumen) bzw. zu entscheiden, wie stark man sich einsetzt (z. B. das Zimmer schlecht aufräumen).

Eine Steigerung, um andere Familienmitglieder zu ärgern und zu demotivieren, stellt der Boykott dar. Es kann sogar sein, dass vordergründig eine gute Zusammenarbeit propagiert, aber eigentlich versucht wird, das Funktionieren zu verhindern oder sogar zu sabotieren.

8 Die mittlere Therapiephase

Meist entwickeln sich Machtkämpfe aus Rechthaberei, wobei irgendwann die Sache in den Hintergrund gedrängt wird. Wenn beide Parteien z. B. voll davon überzeugt sind, dass nur die eigene Meinung richtig sei, kommt es auf beiden Seiten zu Verärgerung, Wut und anschließend zu einem heftigen Konflikt. Wenn daraufhin keiner nachgibt, ist der Machtkampf da.

Selbst in Familien können Machtkämpfe aus niederen Motiven geführt werden. Das kann anmuten wie das Aushandeln einer »Hackordnung«. Es ist anzunehmen, dass ein Hintergrund dieses Verhaltens Selbstwertzweifel und Minderwertigkeitsgefühle sein können und in Folge Unterlegenheitsgefühle schon bei banalen Dingen ausgelöst werden. Meistens geht es noch nicht einmal um wichtige Fragen, sondern um Dinge wie »wer hat es zuerst gesagt« oder »wer ist nicht gefragt worden«. Bei solchen Fragen geht es i. d. R. nur um die Stellung bzw. um die eigene Bedeutung.

In Familien haben wir es meist mit den *indirekten, passiven, oft unbewussten* destruktiven Machtmitteln zu tun:

> »Stellen wir uns eine Familie mit mehreren jugendlichen Kindern vor. Ein Elternteil A möchte eine andere Aufgabenverteilung durchsetzen, aber alle Kinder sind dagegen und der andere Elternteil B steht dem Vorhaben eher neutral-gleichgültig gegenüber. Nach einigen Diskussionen erklärt der Elternteil entnervt, er habe jetzt keine Lust mehr auf diese kontraproduktiven Gespräche. Irgendwann sei Schluss und Ende der Debatte. Und dann ordnet dieser Elternteil die neue Aufgabenverteilung an, und geht nicht weiter auf Gegenargumente und Einwände ein. Dem ältesten Sohn, der besonders protestiert hatte, wird noch das tägliche Mülleimerausleeren aufgedrückt. Nehmen wir an, dass allen anderen Familienmitgliedern nun klar ist, dass offener Widerstand oder Protest zwecklos ist, d. h. aber nicht, dass alle die neue Aufgabenverteilung akzeptiert haben. Wir kommen zu dem Punkt, dass jeder eine dicke Rechnung schreibt. Ohne sich verständigen zu müssen, nehmen die Familienmitglieder nun einen indirekten, passiven Machtkampf mit diesem Elternteil auf.
>
> Ein Kind bleibt dabei, die bisherigen, einfacheren Aufgaben einfach beizubehalten. Als der Elternteil dies bemerkt, erklärt es ihm un-

schuldig, das sei eine Ausnahme: ›Ich helfe nur meiner Schwester, damit kein Rückstand entsteht.‹ Und das sei auch sehr gut, sich gegenseitig zu helfen.

Ein Kind macht etwas Anderes als es sollte und erklärt, dass das doch genau das sei, was es machen sollte.

Der Jüngste erledigt die neuen Aufgaben so schlecht, dass der Elternteil diese am liebsten sofort selbst erledigen würde. Der Elternteil reißt sich zusammen und erklärt die Aufgaben wiederholt; das Ergebnis aber ändert sich nicht.

Der Jüngste erklärt schließlich unter Tränen: ›Ich kann das nicht; ich bin so ungeschickt; nichts kann ich.‹

Der andere Elternteil, der über Mehrarbeit auch nicht gerade begeistert ist, lässt die neuen Aufgaben erst einmal ›wegen Arbeitsüberlastung in der Firma‹ liegen.

Auf die Bitte des Elternteils A, sich doch bitte sofort darum zu kümmern, sagt B, ihm sei die Aufgabe nicht klar, ob A ihm die noch mal erklären könne.

Wenn die Aufgabe nach unzähligen Nachfragen schließlich erledigt ist, wird A dessen gewahr, dass die Aufgabe buchstabengetreu ausgeführt und das Ergebnis weitgehend unbrauchbar ist.

Den Elternteil A erreichen nun Nachrichten aus der Schule, dass das mittlere Kind seine Hausaufgaben nicht gemacht habe. Das Kind sagt, es habe erst seine Dienste zu Hause erledigen müssen und dann keine Zeit mehr für die Schulaufgaben gehabt.

Als sich die Beschwerden aus der Schule und Musikschule häufen und auch Elternteil B allmählich unruhig wird, fragt sich Elternteil A, wer eigentlich im Haushalt die Macht habe. A ahnt, dass er es nicht ist. Dabei hätten alle Familienmitglieder noch viele Register ziehen können!

Es ist klar, dass der Rest unserer Beispiel-Familie Elternteil A die Empathie verweigert, weil sie sich auch übergangen fühlten und nun (unbewusst) Rache nehmen wollen. Diese ironische, sich steigernde Satire kann leicht so oder ähnlich in der Realität ablaufen, und es ist dann schwer für Eltern, den Anfang der Geschichte zu finden.« (Beispiel aus Althoff, 2017, S. 84f.)

Selten haben Menschen, Psychotherapeuten wie Patienten gleichermaßen, ein klares Bewusstsein davon, dass sie Macht in destruktiver Weise ausüben. Von außen ist das jedoch meist relativ schnell sichtbar. Es braucht deshalb viel Fingerspitzengefühl des Therapeuten, diese Mechanismen zu thematisieren, bevor es überhaupt dazu kommen kann, dass unbewusste Hintergründe und Dynamiken aufgedeckt und bearbeitet werden können.

8.2 Arbeitsaufgaben des Therapeuten

Die Arbeitsaufgaben des Therapeuten in der mittleren Phase der Therapie sind vielfältig und er muss sein gesamtes Können einsetzen, um den Herausforderungen gewachsen zu sein. Vorrangige Aufgabe ist es, eine funktionierende Balance zwischen der Beachtung und Bearbeitung von Abwehr und Widerstand zu finden, damit der Prozess mit dem Kind und die Elternarbeit nicht entgleist. Gleichzeitig darf er nicht zurückschrecken und muss Konflikte ansprechen, damit Fragen der Kinderentwicklung und Probleme der Eltern bearbeitet werden können. Manchmal geschieht es im Verlauf, dass ein Elternteil offen oder verdeckt aggressiv die Mitarbeit für eine Weile oder für immer einstellt. Dann ist es notwendig, mit dem anderen Elternteil und eventuell auch durch diesen Elternteil weiter zu arbeiten. Es kann immer passieren, dass eine Pathologie oder Charakterpathologie die Zusammenarbeit mit einem Elternteil verhindert. Wenn das in der mittleren Phase »passiert«, darf dies allerdings nicht sofort die gesamte Therapie in Frage stellen. Häufig kommt diese Erschwernis bei getrennten Eltern, die zerstritten sind, vor. Der Therapeut muss die Widerstände der Eltern beobachten. Geht es ihnen eventuell darum, den Status quo aufrechtzuerhalten, haben sie Angst vor Veränderung? Diesen Widerständen mit positiven Veränderungsvorstellungen entgegenzutreten ist deshalb erforderlich, damit letztlich die Therapie nicht den Bedürfnissen der Eltern nach Aufrechterhaltung des Status quo geopfert wird.

Die meisten Eltern haben im Zuge der bisherigen Arbeit realisiert, dass die Ursachen der aktuellen Schwierigkeiten auch etwas mit der Vergangenheit zu tun haben. Familiengeheimnisse drängen möglicherweise an die Oberfläche, Verleugnungen sind nicht länger möglich. Oft zeigt sich nun großer Widerstand gegen die Beschäftigung mit der Vergangenheit, wobei es wichtig ist, dass der Therapeut registriert, ob sich bei den Eltern

- tiefes Bedauern und Scham einstellt oder
- starke Schuldgefühle mit einer Tendenz zur Externalisierung evtl. durch Rache- und Reuegedanken zeigen, die verbunden sind damit, es wiedergutmachen zu wollen und sich dadurch über die Zeit hinwegsetzen zu können (als omnipotenter Gedanke).

Tiefes Bedauern und Schamerleben kann vom Therapeuten empathisch begleitet werden; starke Schuldgefühle, die an die Grenzen des Aushaltbaren gehen, brauchen jedoch eine stärkere Beachtung, da diese sonst ausagiert werden können. Es ist ein entlastender Gedanke, dass etwas wiedergutgemacht werden kann. Obwohl der Therapeut weiß, dass die Vergangenheit nicht umkehrbar ist, ist es dennoch sinnvoll, mit den Eltern zusammen der Frage nachzugehen, ob und was wiedergutgemacht werden *könnte*.

Möglicherweise löst die Anerkennung eines Elternteils, dem Kind oder dem Partner gegenüber Unrecht getan zu haben, z. B. den anderen geschlagen zu haben, aus, dass die Beziehung wieder wechselseitig in Gang kommt und dem Elternteil verziehen werden kann. Sich selbst einzugestehen, dass Unrecht stattgefunden hat, sei es durch aktive oder passive Beteiligung der eigenen Person, (z. B. aus Selbstschutz oder Schutz der Ehe), kann es überflüssig machen, ständig Schuld auf andere projizieren zu müssen.

Erst dann wird es möglich, die Einflüsse des Vergangenen auf die Gegenwart klar in den Blick zu nehmen, die Folgen abzumildern und einen neuen Kurs einzuschlagen. Es wird denkbar, Dinge anders zu machen, andere Ergebnisse zu erzielen und normalerweise auf kindliche Rettungsphantasien wie »alles wird gut« verzichten zu können.

Irgendwann tauchen Gedanken an eine Beendigung der Therapie bei einem oder mehreren Beteiligten auf, die nicht als Abbruchgedanken empfunden werden. Diese Gedanken leiten damit den Übergang in die nächste Phase »Vorbereitung der Beendigung« ein.

8.3 Kapitelabschluss

8.3.1 Zusammenfassung

In der mittleren Psychotherapiephase bestehen die Bündnisaufgaben darin, dass die Bezugspersonen ihrem Kind eine altersangemessene psychische Ablösung, d. h. Getrenntheit, Individuation und Autonomie erlauben können. Bei den Bezugspersonen werden auch in dieser Phase spezifische Ängste aktiviert, z. B. die Angst, verlassen zu werden, die Angst, die Liebe des Kindes zu verlieren sowie die Angst, in Einsamkeit alt zu werden. Im optimalen Fall hat sich zwischen Bezugspersonen und Psychotherapeut ein vertrauensvolles Verhältnis entwickelt, das es ermöglicht, zu tieferen Ebenen der Bearbeitung vorzudringen. Eine der wichtigsten Aufgaben besteht darin, eine funktionierende Balance zwischen dem Prozess mit dem Kind und der Arbeit mit den Bezugspersonen zu finden.

8.3.2 Literatur zur vertiefenden Lektüre

Althoff, M. L. (2017). *Macht und Ohnmacht mentalisieren.* Heidelberg: Springer.
Göttken, T. & von Klitzing, K. (2015). *Psychoanalytische Kurzzeittherapie mit Kindern.* Stuttgart: Klett-Cotta.
Weiss, J. (1993). *How Psychotherapy Works.* New York: Guilford Press.

8.3.3 Weiterführende Fragen

- Welche Gefahren ergeben sich, wenn in der mittleren Therapiephase keine bzw. wenig Elternarbeit stattfindet?
- Welchen Herausforderungen muss ein Psychotherapeut bei Machtkämpfen in Familien gewachsen sein?
- Welchen Stellenwert hat die Frequenz der begleitenden Psychotherapie für das Therapieergebnis insgesamt?

9 Die Vorbereitung der Beendigung

> Es gibt eine Phase, die vor dem Eintritt in die Beendigungsphase und erst recht vor der eigentlichen Beendigung liegt, nämlich die *Phase der Vorbereitung der Beendigung*. Diese Phase kann, je nachdem wie einig sich die Beteiligten sind, unterschiedlich lang dauern. In einer Richtlinienpsychotherapie wird das Gespräch über das Therapieende oft mit dem Nachdenken über einen eventuellen »letzten« Fortführungsantrag eingeleitet. Diese Gedanken bringen Bündnisaufgaben, Ängste und Konflikte für alle Beteiligten mit sich. Im Folgenden werden die spezifischen Themen der begleitenden Psychotherapie der Bezugspersonen in dieser Phase beschrieben.

Mindestens einer der Beteiligten beginnt, Gedanken an das Ende der Behandlung zu benennen. Dies kann zunächst ein spontaner Gedanke sein. Wenn diese Gedanken zuerst im Gespräch zwischen dem Patienten und dem Psychotherapeuten aufgekommen sind, wird der Therapeut die Eltern ansprechen und umgekehrt. Manchmal tauchen diese Gedanken aber auch ausgelöst von außen mit dem Ende eines Stundenkontingents auf, das durch die Krankenkasse bewilligt wurde. Je nach Situation wird es dem Therapeuten leichtfallen, die Bezugspersonen auf eine Fortführung anzusprechen, oder aber es wird schwer und der Therapeut schiebt dieses Gespräch hinaus in der Hoffnung, dass die Konstellation für eine Erörterung dieses Themas noch günstiger werden könnte. Grundsätzlich sollte man davon ausgehen, dass vom ersten Gespräch über eine eventuelle Beendigung bis zum tatsächlichen Ende ein halbes Jahr vergehen wird. Nicht, dass die Beendigung nicht auch schneller gehen kann, jedoch erliegt man mit dieser grundsätzlichen Vorstellung nicht so leicht einem vorschnellen (Mit-)agieren des Endes.

9.1 Bündnisaufgabe

Der Therapeut kann die Bezugspersonen fragen, was sie erwartet und erhofft haben und ob diese Hoffnungen schon eingetreten sind oder sich noch realisieren lassen. Ebenso wird der Therapeut das Gespräch mit dem Patienten suchen und auch diesen fragen. Meist gibt es sowohl bei den Eltern als auch beim Patienten keine genauen Vorstellungen über die Aufgaben der Abschieds- und Beendigungsphase. Es kann auf Anregung des Therapeuten z. B. überlegt werden, was es wohl heißt, Ergebnisse zu stabilisieren oder einer Prüfung zu unterziehen.

In dieser Phase zahlt es sich aus, wenn vorher intensiv mit den Bezugspersonen gearbeitet werden konnte. Wurden die Bezugspersonen in der mittleren Phase kaum einbezogen und haben damit auch keine intensive Beziehung mehr zum Therapeuten und zur Therapie, drängen sie oft auf ein schnelles Ende und sind sich der Aufgaben gar nicht bewusst bzw. haben keine Vorstellung davon, dass der Abschied aus der Therapie länger vorbereitet und bearbeitet werden muss. Nicht selten versuchen sie dann auch, die Kontrolle zu übernehmen und werden erst recht keinem neuen Antrag auf weitere Kostenübernahme zustimmen, nur um den Abschied gut gestalten zu können.

Unbewusst können bei den Eltern wieder Verlassenheitsängste, Gefühle von Wertlosigkeit und ein Erleben, überflüssig zu sein, eine Rolle spielen. Sie fühlen sich nutzlos und ungeliebt und entwickeln (vielleicht ja zurecht?) die Angst, vom Therapeuten benutzt, abgelehnt und kaltgestellt worden zu sein oder zu werden.
Diese unbewusste Gefühlskonstellation wird dann oft mit projektiv-identifikatorischen Maßnahmen abgewehrt. Novick und Novick schrei-

ben: »Eine übereilte, vorzeitige Beendigung, die von den Eltern in dieser Situation erzwungen wird, kann eine defensive Umkehrung von Passivität in Aktivität zum Ausdruck bringen, in deren Folge der Analytiker derjenige ist, der sich nutzlos und abgeschoben fühlt. Infolgedessen besteht die Gefahr, dass er seine Verletztheit und Wut abwehrt, indem er den Therapieabschluss als normalen Aspekt der Entwicklung rationalisiert, vor allem wenn es sich um adoleszente Patienten handelt.« (Novick & Novick, S. 187).

Um derartigen Komplikationen vorzubeugen, ist es weiterhin wichtig, die Eltern kontinuierlich zu sehen und sie als Bündnispartner auch für diese Phase zu gewinnen.

Umgekehrt kann das Gespräch über die Planung der Beendigung bei den Eltern auch Angst auslösen, dass die ursprünglichen Symptome womöglich wieder ausbrechen oder sie als Eltern überfordert sein könnten. In dieser Situation wollen sie kein Ende in den Blick nehmen. Manchmal sagen Patienten sogar, dass ihre Eltern mehr Angst vor dem Ende der Behandlung hätten als sie selbst: »Vielleicht müssten meine Eltern jetzt häufiger kommen?«

Bündnisaufgabe der Eltern in dieser Phase ist es, alle Gefühle, auch die des Verlustes, die der Therapieabschluss mit sich bringt, zu integrieren. Manchmal ergibt sich auch in dieser Phase schon die Frage der weiteren Behandlung der Bezugspersonen. Die Situation kann so komplex und dynamisch bedeutsam für den Prozess sein, dass es sich lohnt, kontextanalytisch vorzugehen (▶ Kap. 4).

9.2 Kontextanalytisches Beispiel

Ein Beispiel, das ich kontextanalytisch betrachten werde, soll diese komplexe Situation illustrieren.

9.2 Kontextanalytisches Beispiel

Ausgangssituation

Die Therapeutin sagt zu Beginn der Elternsitzung relativ schlicht und ohne Umschweife, dass die Sitzungen des Kontingents bald aufgebraucht seien und sich die Frage stellt, ob noch einmal Stunden beantragt werden sollen. Dies sei grundsätzlich möglich und das Kind schätze 20 weitere Sitzungen als ausreichend ein. Die Eltern sehen einige Sekunden in Richtung Therapeutin, dann sagt der Vater: »Was? Es soll aufhören? 20:4 macht 5; okay, das wäre ein halbes Jahr. Na gut, dann machen wir das so.« Die Therapeutin fühlt sich unwohl: »Ich frage mich, wie Sie darüber denken und fühlen?« Die Mutter sitzt immer noch schweigend mit weit geöffneten Augen da. Der Vater: »Ist schon gut. Wir werden es schon verkraften.«

Kontextanalyse

Tab. 9.1: Beispiel einer Kontextanalyse

Kontext	Identifizierung des Kontextes	
	Wie hat sich der Therapeut verhalten bzw. was hat er gesagt? → Dieser Ausgangspunkt wird als Kontext oder Trigger herangezogen.	Die Therapeutin fühlte sich nach wie vor nicht wohl mit dem Schweigen der Mutter und der zu glatten, nichtssagenden Antwort des Vaters. Sie vermutet, dass ihre nüchterne Information gleich zum Beginn der Sitzung den Kontext lieferte. Sie hatte nicht abgewartet, was die Eltern als erste Einfälle äußerten.
Verarbeitung	Verstehen der Verarbeitung des Patienten	
	Kann der Therapeut sich in die Lage des Patienten versetzen? Versteht er seine Reaktion (kognitive und emotionale Empathie) und kann er die Reaktion des Patienten als	Die Eltern waren geschockt. Während die Mutter sich in Passivität und Regungslosigkeit zurückzieht, bringt der der Vater mit seiner Äußerung »Was? Es soll aufhören?«, eine gewisse Fassungslosigkeit zum

169

Tab. 9.1: Beispiel einer Kontextanalyse – Fortsetzung

Kontext	Identifizierung des Kontextes	
	Reaktion auf seine Aktion verstehen?	Ausdruck, fängt sich dann und verfällt fast in den Modus eines Geschäftsmannes, der rechnet »20:4=5«; »okay, machen wir so«. Beide verbergen ihre Gefühle und zeigen keine eigenen Bedürfnisse. Es wirkt, als will der Vater die Botschaft schicken, dass er unter diesen Umständen das erste Angebot annimmt und nicht handeln will. Auch die Nachfrage der Therapeutin änderte daran nichts. Lediglich die Aussage des Vaters: »Ist schon gut. Wir werden es schon verkraften.« lässt den Schluss zu, dass es in jedem Fall den Vater, vielleicht auch beide Eltern, hart getroffen hat. Indem sich beide nicht mehr emotional auf die Therapeutin beziehen, kann auch vermutet werden, dass sie passiv in aktiv wenden (Rollenumkehr) und nun ihrerseits die Therapeutin emotional »im Regen stehen« lassen.
Symptomatik	Begleitende Symptomatik oder Widerstand	
	Ist im Zusammenhang mit der Problemsituation bzw. dem Kontext Symptomatik oder Widerstand aufgetreten?	Als Widerstand kann interpretiert werden, dass beide Eltern sich nicht locken lassen, in einen emotionalen Kontakt mit der Therapeutin zu gehen. Als »Symptom« könnte man die geschockte Haltung der Mutter bezeichnen.

Tab. 9.1: Beispiel einer Kontextanalyse – Fortsetzung

Kontext	Identifizierung des Kontextes
Intervention	Maßnahmen und Interventionen

Der Therapeut überlegt, was er zur Verfügung stellen möchte, z. B. Empathie, Strenge, Disziplin, ethische Prinzipien, das Schwert führen können, um eine Linie ziehen zu können, triadische Kompetenz, Kontextanalyse? Wie fühlt er sich ggf. mit einer stillen Deutung?	Innere Vorbereitung: Die Therapeutin überlegt, welche Werkzeuge sie zur Verfügung hat: 1. Empathie, um den Eltern ihr emotionales Verständnis zu geben, 2. Mut und Risikobereitschaft, um ihr Verhalten ansprechen zu können, 3. Offenheit für die Gedanken, Wünsche und Gefühle der Eltern, 4. Triadische Kompetenz, um die Dreiersituation voll zu erfassen, 5. Deutung, um die unbewusste Dimension einzubeziehen. Ausführung: Die Therapeutin sagt: »Ich bin betroffen über mich selbst. Entgegen meiner sonstigen Gewohnheit habe ich heute nicht abgewartet, bin gleich mit der Tür ins Haus gefallen. Ich glaube, schon das hat Sie vermutlich irritiert. Dann habe ich gesagt, dass die Sitzungen des Kontingents bald aufgebraucht seien. Es stelle sich die Frage, ob sie noch einmal Stunden beantragen wollen. Weiter habe ich Ihnen mitgeteilt, dass ihr Sohn 20 weitere Sitzungen als vermutlich ausreichend einschätzt. Im ersten Moment

9 Die Vorbereitung der Beendigung

Tab. 9.1: Beispiel einer Kontextanalyse – Fortsetzung

Kontext	Identifizierung des Kontextes
	habe ich mich gewundert, dass sie ganz still waren, aber dann habe ich gemerkt, dass ich Sie viel zu schnell und unerwartet mit all den Informationen «überfallen» habe. Ich glaube, ich habe sie sprachlos gemacht, besonders Sie, Frau T. Vielleicht war es aber noch schwieriger, dass ich so nüchtern und sachlich gesprochen habe, da konnten Sie mich gefühlsmäßig gar nicht mehr einschätzen. Und deshalb haben Sie, Herr T., irgendwie geschäftsmäßig reagiert, was mir umgekehrt übrigens auch nicht gefallen hat. Aber als Sie sagten, «Wir werden es schon verkraften», da wurde mir klar, dass Sie sich vermutlich nicht gefragt und schon fast wie zurückgewiesen fühlten, sich aber keine Blöße geben wollten. Ich möchte Ihnen versichern, dass es mir in unserer Arbeit absolut wichtig ist, Ihre Gefühle und Meinungen zu kennen, und dass die Meinung Ihres Sohnes erst einmal für ihn und seine Sitzungen wichtig ist, wir aber auch unseren eigenen Prozess haben. Es tut mir leid. Haben Sie eine Vorstellung, warum ich so sachlich und schnell war?

Tab. 9.1: Beispiel einer Kontextanalyse – Fortsetzung

Kontext	Identifizierung des Kontextes	
Reaktion 1	Reaktion des Patienten bzw. der Eltern	
	Welche kognitiven und emotionalen spontanen Reaktionen kann ich beobachten? In der begleitenden Psychotherapie ist die Situation etwas komplexer als in der Einzeltherapie, denn es gibt vier Bereiche, in denen sich Reaktionen zeigen können: »1. Reaktionen von Validierung unmittelbar in den Sitzungen, 2. Reaktionen von Validierung, die sich unmittelbar erfahrbar positiv auf das Kind auswirken, 3. Validierung durch die Parallelität der Entwicklung bzw. Konfliktbewältigung von Eltern und Kind bzw. Jugendlichem, 4. Validierung durch das Ergebnis der Therapie.« (Petersen,1999, S. 347.)	Reaktion der Mutter: »Ich dachte, dass es wie überall ist: dass Sie uns am Ende gesehen haben, weil die Krankenkasse das so will, und froh sind, wenn es endlich überstanden ist«. Reaktion des Vaters: »Ich finde, Sie wirkten aufgeregt. Und eigentlich kann ich es mir nicht vorstellen, dass alles nur Täuschung war. Aber wer weiß, jedenfalls stimmt das schon, dass ich mir keine Blöße geben wollte.«
Reaktion 2	Reaktion des Psychotherapeuten	
	Wie sind die inneren Reaktionen auf die eigenen Interventionen und die Reaktionen des Patienten?	Die Psychotherapeutin fühlt, dass die Eltern wieder mit ihr in Kontakt gehen (emotionale Validierung). Dennoch empfindet sie die Reaktionen noch als sehr verhalten im Vergleich zu anderen Sitzungen, in denen die Eltern regelrecht »sprudelten« (kognitiv weder validierend noch falsifizierend). Sie selbst empfindet ihre Intervention als in die

9 Die Vorbereitung der Beendigung

Tab. 9.1: Beispiel einer Kontextanalyse – Fortsetzung

Kontext	Identifizierung des Kontextes	
		richtige Richtung gehend, jedoch noch zu distanziert.
Evaluation	Evaluation und Entscheidung über das weitere Vorgehen	
	Gab es beim Patienten und beim Therapeuten validierende Reaktionen? Welche Emotionen, Bilder und Erinnerungen tauchten auf? Weiteres Vorgehen: Sind Korrekturen oder Verbesserungen der Intervention notwendig? Wenn ja, wird der wirksame Kontext gesucht. Andernfalls wird abgewartet, bis sich ein neuer Kontext zeigt.	Die Reaktionen von Elternseite sind also gemischt und nicht eindeutig validierend. Auch bei der Psychotherapeutin stellen sich gemischte Reaktionen ein. Sie sagt: »Ich möchte Ihnen gegenüber gerne zum Ausdruck bringen, dass wir ganz in Ruhe abwarten können, was sich für unsere Gespräche ergibt. Ich bin gern bereit, einen weiteren Antrag in Ihrem Namen auf den Weg zu bringen. Eine Aussage Ihres Sohnes haben wir und nun können wir in Ruhe beratschlagen. Ich glaube, ich war am Anfang so schnell, weil ich unsicher war und mir keine Blöße geben wollte. Ich war mir nicht sicher, was Sie sagen würden. Ich arbeite nämlich gerne mit Ihnen und würde das auch weiterhin gerne tun. Dies beruht wohl auf Gegenseitigkeit – wie ich jetzt von Ihnen weiß. Und zu Anfang, da habe ich mich etwas versteckt.«
Die Therapeutin ist bereit, mit dieser Intervention einen neuen Kontext zu kreieren.		

Die Phase der Vorbereitung der Beendigung ist eine sehr aktive Phase für alle Beteiligten und im Fall der Zustimmung zu einer weiteren Fortführung ist sie begleitet von einer bewusst erlaubenden Haltung der Eltern. Der Übergang in die eigentliche Beendigungsphase erfolgt dann, wenn alle Beteiligten einverstanden sind und sich auf einen Abschlusstermin geeinigt haben. Der Abschlusstermin kann als Anzahl von Sitzungen (z. B. 20+10), als konkretes Datum (»17.11.2017«) oder als bestimmtes Ereignis (»Sommerferien 2018«) vereinbart werden. Damit beginnt die Arbeit der Beendigungsphase.

9.3 Kapitelabschluss

9.3.1 Zusammenfassung

Grundsätzlich sollte man davon ausgehen, dass vom ersten Gespräch über eine eventuelle Beendigung bis zum tatsächlichen Ende ein halbes Jahr vergehen wird. Bündnisaufgabe der Eltern in dieser Phase ist es, alle Gefühle, auch die des Verlustes, die der Therapieabschluss mit sich bringt, zu integrieren. Manchmal ergibt sich auch in dieser Phase schon die Frage der weiteren Behandlung der Bezugspersonen. Die Situation kann so komplex und dynamisch bedeutsam für den Prozess sein, dass es sich lohnt, kontextanalytisch vorzugehen. Oft ist es hilfreich und sicherheitsgebend, dass der Psychotherapeut die Beziehung und Bindung zu den Bezugspersonen aktiv und eigeninitiativ benennt.

9.3.2 Literatur zur vertiefenden Lektüre

Novick, J & Novick, K. K. (2008). *Ein guter Abschied. Die Beendigung von Psychoanalysen und Psychotherapien.* Frankfurt am Main: Brandes & Apsel

9.3.3 Weiterführende Fragen

- Welche Gründe gibt es dafür, dass Therapeut, Patient und Bezugspersonen manchmal die Phase der Vorbereitung der Beendigung überspringen möchten?
- Welchen Stellenwert hat es, mit den Bezugspersonen ihre anfänglichen Erwartungen mit den erreichten Ergebnissen und Veränderungen zu vergleichen?

10 Die Beendigungsphase und Vorbereitung des »Danach«

> Wenn ein Ende vereinbart wurde, d. h. die Arbeit mit dem Kind oder Jugendlichen und die Elternarbeit in die Phase der Beendigung mündet, ist die Gefahr relativ gering, dass noch ein vorzeitiger Abbruch durch die Eltern geschieht. Dennoch ist es für einen vollständigen Abschluss bedeutsam, dass auch die Bezugspersonen in dieser Phase emotional beteiligt sind. Die Schwierigkeiten, Fragen und Ängste, die bei den Bezugspersonen auftauchen können, werden beschrieben, und es wird auch diskutiert, wie eine Vorbereitung des »Danach« aussehen könnte.

In der Beendigungsphase zeigt es sich, ob die Bezugspersonen sich selbst und dem Kind die Trauerbewältigung, die unweigerlich ansteht, zutrauen und zugestehen können. Sie versuchen eventuell, die andrängenden Gefühle von Trauer durch Rückzug und Vermeidung der Gespräche zu umgehen.

Der Wunsch des Patienten und der Eltern, die psychotherapeutische Arbeit schnell zu beenden oder sogar abzubrechen, kann natürlich in allen Phasen der Behandlung entstehen, vor allem dann, wenn schwierige, nicht-aushaltbar erscheinende Themen aufkommen oder es eine Krise in der Beziehung zum Psychotherapeuten gibt. Natürlich ist es am besten, wenn diese vorzeitigen Beendigungstendenzen bearbeitet werden können. Gelingt das nämlich, lässt sich ein Abbruch oft vermeiden. Aus der Bewältigung der Krise lässt sich viel lernen und es können neue Chancen daraus entstehen.

Grundsätzlich sollten jedoch sowohl Patient als auch die Eltern die Möglichkeit haben, die Arbeit jederzeit beenden zu können. Die psychotherapeutische Arbeit setzt ein besonderes Vertrauen voraus und diese Arbeit wird schwierig, wenn das Vertrauen grundlegend gestört erscheint. Wenn dieses Vertrauen nicht mehr gegeben ist, ist es meines Erachtens – nicht nur juristisch – nicht sinnvoll, einen Patienten durch Verpflichtungen in der Zukunft (Kündigungsfristen von mehreren Wochen, Zahlungsverpflichtungen für Sitzungen nach Kündigung) zu binden. Natürlich ist es wünschenswert, dass sich Patient und Bezugspersonen den Schritt der Beendigung oder eines Abbruchs nicht leichtmachen, aber das kann nicht durch äußere Verpflichtungen und Zwang erreicht werden. Die Vorstellung, dass eine Beendigung oder ein Abbruch ohne Vereinbarung mit dem Psychotherapeuten oder sogar gegen seinen Rat grundsätzlich nicht erfolgen dürfe, ist schlicht nicht realisierbar, wenn Patienten oder Eltern Fakten schaffen. Hinzu kommt, dass eine solche Vorstellung auch in das Selbstbestimmungsrecht der Beteiligten eingreift. Es gilt m. E. die Freiheit des Patienten, eine solche Entscheidung treffen zu können, zu respektieren.

Der Psychotherapeut kann eine Behandlung einseitig und von seiner Seite aus nur mit überzeugenden Gründen und nach entsprechender Begründung gegenüber dem Patienten und den Eltern beenden, weil er der Familie gegenüber eine Fürsorgepflicht hat. Dazu gehört, dass der Psychotherapeut die Gründe seiner Entscheidung in einer für den Patienten und die Eltern verständlichen Form darlegen sollte und dass er dem Patienten und den Eltern eine Beratung anbieten sollte über Lösungen in dieser Situation, z. B. wohin sie sich anschließend wenden könnten.

10.1 Bündnisaufgabe

Der Behandlungsprozess, also auch insbesondere die Arbeit mit den Bezugspersonen, kann unter vielen verschiedenen Blickwinkeln untersucht werden. Bislang habe ich den Blick auf die Bündnisaufgaben als Hauptfokus gerichtet und dabei Übertragung, Gegenübertragung, Abwehr, Objektbeziehungen, Wiederholung etc. zwar erwähnt, aber in den Rahmen dieses Hauptfokus integriert. Bündnisaufgabe der Eltern in dieser Phase ist es, die Weiterentwicklung des Kindes anzuerkennen und selbst mitzuwachsen.

Im Folgenden soll es um das Thema der Beendigung gehen, – ein Thema, dass ich auch als Hauptfokus hätte wählen können. Es kann dann bereits zu Beginn darauf geachtet werden, in welcher Weise das Thema der Beendigung dort auftaucht und bearbeitet werden kann. »Die Beendigung kann Licht auf frühere, aktuelle und spätere Aspekte werfen, die mit Abschied, Trennung, Autonomie, Verlust und Bindung zusammenhängen.« (Novick, 2008, S. 21).

Genau genommen spielt das Thema Beendigung von Anfang an und in jeder therapeutischen Beziehung eine Rolle. Z. B. wird manchmal gleich zu Beginn darüber gesprochen, welche Beendigungskriterien jeder Beteiligte hat. Die Eltern denken vielleicht an die Auflösung der Symptomatik des Kindes, der Therapeut eher an die Wiederaufnahme der Entwicklung des Kindes und der Eltern in ihrer Elternschaft. Novick und Novick z. B. haben 2008 in ihrem Buch »Ein guter Abschied« dargelegt, dass sie für alle Psychotherapien (nicht nur in der Elternarbeit) die Einteilung vornehmen, der ich auch in meiner Gliederung gefolgt bin. Sie diskutieren das Thema Beendigung und Abschied über alle Phasen hinweg.

> »Psychotherapie oder Psychoanalyse kann in verschiedene Abschnitte unterteilt werden: Evaluationsphase, Anfangsphase, Mittlere Phase, Vorbereitung auf die Beendigung, Beendigungsphase, Posttherapeutische Phase.« (Novick & Novick, 2008, S. 27).

In der Praxis sind die einzelnen Phasen natürlich nicht klar voneinander abgegrenzt und es tauchen letztlich immer die gleichen Themen, Affekte und Konflikte auf, aber sie erhalten ein unterschiedliches Gewicht und die Bearbeitung erreicht eine unterschiedliche Tiefe des Unbewussten.

10 Die Beendigungsphase und Vorbereitung des »Danach«

Erkundungsphase (Evaluationsphase bei Novick und Novick):
Bereits in der Erkundungsphase müssen die Schwierigkeiten erkannt werden, die den Patienten bzw. die Bezugspersonen zu einem Abbruch veranlassen oder den Therapeuten dazu drängen könnten, den Patienten abzulehnen oder eine Beendigung zu erzwingen. Welche Phantasien gibt es zu Beginn? Alle Patienten machen sich Gedanken, jedoch können die tieferen Ebenen dieser Sorgen erst angesprochen werden, wenn die praktischen Dinge der Therapievereinbarung geklärt sind.

Anfangsphase:
Der Therapeut kann beobachten, wie der Patient und die Eltern auf kleine Trennungen und Abschiede reagieren, z. B. auf Wochenenden, Ferien, Krankheit. Manche Patienten verleugnen die Trennung und können darin weder etwas Schwieriges noch Konflikthaftes entdecken.

Mitte:
Oft taucht bei den Patienten und auch Bezugspersonen eine Angst vor Veränderung auf. Diese Angst kann hervorgerufen werden durch die Vorstellung, dass Fortschritte das Ende der Therapie bedeuten könnten. Sie versuchen nicht selten, die Verantwortung für das Festlegen eines Endes an den Therapeuten abzugeben. Er soll dann die Frage beantworten, was es noch zu tun gebe. Manchmal macht es für den Therapeuten Sinn, zwar nicht die Verantwortung für das Ende zu übernehmen, aber doch klar zu formulieren, welche Ziele noch avisiert werden könnten, um Abbruchphantasien damit aufzufangen.

Vorbereitung der Beendigung:
Alle Beteiligten denken konkret über das Thema Trennung nach. Vorstellungen und Illusionen von Zeitlosigkeit sind nicht mehr vorhanden. Es stellt sich die Frage, ob Gedanken an einen guten Abschied möglich sind. Ohne Vorbereitung und Mentalisierung des Abschieds droht wieder die Gefahr, die Initiative insgesamt an den Therapeuten abgeben zu wollen. Abschließend sollte geklärt werden, wie die Behandlungsziele in der Vorbereitung auf die Beendigung neu formuliert werden.

Beendigung:
Die Aufgabe der Eltern in dieser Phase ist es, die Weiterentwicklung des Kindes anzuerkennen, selbst mitzuwachsen und bestenfalls gleichzeitig mit dem Kind ausreichend für den Abschied gerüstet zu sein.

Wenn bei den Bezugspersonen eine schwere Pathologie vorliegt, ist diese Vorstellung meist nicht realistisch. Eltern sind, wie schon erwähnt, häufig schwerer beeinträchtigt als Personen, die in individuelle Behandlung gehen. Es kann sein, dass diese Eltern mit dem Therapeuten zusammen gute Fortschritte machen. Wenn aber »der Abschied naht, zeigt sich, dass sie das Gelernte nicht internalisieren und konsolidieren können. Es scheint, als ob ihr Ich und Über-Ich in diesen Situationen auf die Anwesenheit des Analytikers angewiesen sei. Eltern mit diesen Schwierigkeiten können ihren Kindern nicht helfen, sich den Schwung ihrer progressiven Entwicklung, den sie in der Analyse wiedergefunden haben, zu bewahren.« (Novick & Novick, 2008, S. 204).

Auch aus diesem Grund ist es meist günstiger, wenn die Eltern die Gespräche von Anfang an *auch* für eine Bewältigung des Abschieds nutzen können. Dann besteht eine Vertrauensbeziehung, in der über das »Danach« gesprochen werden kann. Dazu braucht es allerdings eine annehmende, wohlwollene Beziehung zum Therapeuten. Diese wird sich nur bilden, wenn umgekehrt der Therapeut auch eine tiefe und wohlwollende Beziehung und Bindung zu den Eltern eingegangen ist und diese auch ihnen gegenüber anerkennt sowie konkret und explizit benennt. Trauer über den Verlust einer Beziehung setzt Liebe (im allgemeinen Sinn) voraus. Sich auch als Therapeut zu dieser Liebe in Form von Wohlwollen, Annahme, Bindung und Sympathie zu bekennen, ist für die Eltern oft Voraussetzung dafür, dass sie selbst ihre eigenen Gefühle zeigen und nicht aus Angst vor Scham oder Zurückweisung verleugnen müssen. Dies ist aber natürlich keine Frage der Stundenzahl, die man gemeinsam verbracht hat. Manchmal entwickle ich als Supervisorin sogar eine Beziehung zu Eltern, die ich nie gesehen habe. Besonders für Alleinerziehende ist der Abschied oft eine schwere Aufgabe, wenn sie sich von dem Therapeuten gut verstanden und unterstützt gefühlt haben.

Um Ängsten vor dem Abschied und einer Übernahme der alleinigen Verantwortung entgegenzuwirken, ist es wichtig zu thematisieren, woran sie merken können, dass erneut Schwierigkeiten auftreten und eine perspektivische Ausrichtung wieder wichtig sein könnte. Es muss angesprochen werden, ob daraufhin die innere Aktivierung der gemeinsamen Arbeit reicht oder ob eine erneute Kontaktaufnahme möglich ist.

Charakteristische Ängste und Abwehrmechanismen können sich wieder vermehrt zeigen mit Beginn der Beendigungsphase: Eine Mutter berichtet z. B. weinend, dass es ihrem Sohn nun so gut gehe und er Freunde habe. Sie selbst aber sei traurig und fühle sich schuldig, wenn sie an die Zeit zurückdenke, als er noch zurückgezogen und wütend zu Hause gesessen habe. Diese Bearbeitung der Schuldgefühle war in jeder Phase der Behandlung in unterschiedlicher Weise Gegenstand der Gespräche gewesen. Nun steht es für die Mutter an, die Vergangenheit nicht mehr ändern zu wollen, sondern mit Hilfe des Therapeuten zu trauern und sich darauf auszurichten, dass nun die Zukunft neue Beziehungs- und Erlebensmöglichkeiten bereithalten wird.

10.2 Vorbereitung des »Danach«

Ein zentrales Behandlungsziel besteht darin, die Eltern und Kinder im Normalfall dafür zu befähigen, nach dem Ende der Therapie eigenständig zurechtzukommen und sich weiter entwickeln zu können. Es ist eine strukturelle Aufgabe, sich mit den Eltern darüber zu unterhalten, wie sie sich das »Danach« vorstellen. Werden sie glücklich sein über das Erreichte und das fortsetzen können? Werden Sie enttäuscht sein über den Therapeuten? Wenn sich bei Kindern und Eltern gleichzeitig ein Gefühl einstellt, dass nun das Ende gut aushaltbar und angemessen wäre, so ist das ein Indiz dafür, dass eine intensivere Nähe zwischen Eltern und Kind entstanden ist (Novick & Novick, 2008; S. 210).

Wenn sich ein Ende gleichzeitig mit dem Kind für die Eltern als nicht passend erweist, gibt es eine Reihe von Alternativen:

- Man kann die Elternarbeit nach Therapieende fortsetzen, um erklärtermaßen Schwierigkeiten der Eltern zu besprechen und nicht das Kind zu therapieren. In dem Fall muss über einen geeigneten neuen Rahmen gesprochen werden.
- Parallel oder alternativ kann eine eigene Therapie eines oder beider Elternteile ins Auge gefasst werden.
- Parallel oder alternativ kann eine Paartherapie erwogen werden.
- Manchmal kommt die Anfrage, ob ein Geschwisterkind nun in Behandlung kommen könne. Dazu haben Therapeuten unterschiedliche Meinungen. Ich empfehle immer, nach Möglichkeit eine Pause einzulegen, bevor man ein Geschwisterkind behandelt.
- Gleichzeitig kann es sein, dass auch Möglichkeiten von Jugend- oder Familienhilfe zu erörtern sind.

Wenn Eltern sich verabschieden und keine unmittelbare Anschlussmaßnahme geplant wird, ist es Aufgabe des Therapeuten, grundsätzlich und für den speziellen Fall zu überlegen, was er anbieten möchte. Ist er bereit

- den Eltern zu sagen, dass sie sich noch mal melden können für Beratungsgespräche,
- mit den Eltern einen Katamnese-Termin zu vereinbaren,
- den Eltern zu signalisieren, dass sie ihm neue Entwicklungen mitteilen können,
- die Eltern zu ermutigen, sich in schwierigen Entwicklungsphasen melden zu können,
- zu versichern, dass eine Wiederaufnahme der Therapie möglich ist,
- ein Abschiedsgeschenk anzunehmen?

Letztlich geht es bei all diesen Überlegungen und Maßnahmen darum, den Eltern zu ermöglichen, ihren eigenen Teil der therapeutischen Arbeit anzuerkennen, wertgeschätzt zu sehen, abschließen und integrieren zu können.

10.3 Kapitelabschluss

10.3.1 Zusammenfassung

> Bündnisaufgabe der Eltern in der Phase der Beendigung ist es, die Weiterentwicklung des Kindes anzuerkennen, selbst mitzuwachsen und sich selbst auf den Abschied einzustellen. Um der Angst vor dem Abschied und vor der Übernahme der alleinigen Verantwortung entgegenzuwirken, ist es wichtig, über das »Danach« zu sprechen. Im gemeinsamen Gespräch muss die Frage erörtert werden, wann im Fall erneuter Probleme die innere Aktivierung der gemeinsamen Arbeit reicht und wann eine erneute Kontaktaufnahme möglich ist. Abschließend ist es für das elterliche Selbstwertgefühl wichtig, ihren eigenen Teil der therapeutischen Arbeit anzuerkennen, wertgeschätzt zu sehen, abschließen und integrieren zu können.

10.3.2 Literatur zur vertiefenden Lektüre

Kast, V. (2015) *Sich einlassen und loslassen*. Freiburg im Breisgau: Herder (25. Auflage)

Ley, K. (2011) *Die Kunst des guten Beendens*. Freiburg im Breisgau: Herder (2. Auflage)

10.3.3 Weiterführende Fragen

- Wie sieht eine gelungene Trauerbewältigung aus?
- Welchen Stellenwert hat das Gespräch über das »Danach« im Gesamtkontext der Therapie?

11 Perspektive und Ausblick

> Die begleitende Psychotherapie der Bezugspersonen ist ein bedeutsamer Teil der psychotherapeutischen Arbeit in der Kinder- und Jugendlichenpsychotherapie. Es wurde dargelegt, dass in der begleitenden Psychotherapie der Bezugspersonen das gesamte theoretische und technische Repertoire der psychodynamischen Therapie eingesetzt werden sollte. Ich möchte für die Elternarbeit keine Einschränkung formulieren außer der natürlich gegebenen, dass sich die Arbeit auf ein bestimmtes Gebiet fokussiert, nämlich auf alle Themen, die im Zusammenhang mit der Elternschaft und der Beziehung zum Kind bzw. zu den Kindern aufkommen. In diesem Kapitel werden die Bündnisaufgaben der Bezugspersonen im Überblick aufgeführt.

Elternarbeit als einen bedeutsamen Teil der psychotherapeutischen Arbeit in der Kinder- und Jugendlichenpsychotherapie darzustellen, ist das zentrale Anliegen dieses Buches. Wie in Kapitel 4 ausführlich dargelegt, bin ich der Ansicht, dass in der begleitenden Psychotherapie der Bezugspersonen das gesamte theoretische und technische Repertoire der psychodynamischen Therapie eingesetzt werden sollte. Für die Elternarbeit sollte m. E. keine Einschränkung formuliert, geschweige denn definiert werden, was sie nicht ist. Durch die feststehende Aufgabe, dass sich die Arbeit als Teil einer Kinder- und Jugendlichenpsychotherapie auf ein bestimmtes Gebiet fokussiert, ist der grundlegende Fokus festgelegt, nämlich auf alle Themen, die im Zusammenhang mit der Elternschaft und der Eltern-Kind-Beziehung aufkommen. Die Themen können sehr unterschiedlich sein, je nachdem, ob die Bezugspersonen die leiblichen, die Pflege- oder Adoptiveltern etc. sind.

Damit wird dieser Arbeit ein eigenständiger, wichtiger und legitimer Stellenwert zuteil. Zur Arbeit gehören die Analyse von Abwehrmechanismen und Widerstandsphänomenen, das Klären, Konfrontieren und Deuten unter Nutzung von Übertragungs- und Gegenübertragungsprozessen. Elternarbeit ist keine Beratung, sondern muss als effektive und ebenbürtige therapeutische Komponente der Behandlungen im Kinder- und Jugendbereich gesehen werden.

Dennoch ist die begleitende Psychotherapie weder ein Ersatz für eine individuelle Therapie noch beeinträchtigt sie eine solche. Im Gegenteil: Die Elternarbeit kann die Bezugspersonen sogar motivieren, sich in Behandlung zu begeben. Das ist oft dann der Fall, wenn Ängste und Unsicherheiten, eventuell auch Schamgefühle abgebaut werden konnten. In einem Beispiel konnte bei einem Vater, der sich bis dato seine Alkoholabhängigkeit aus Schamgründen nicht eingestehen konnte, eine Krankheitseinsicht entstehen, so dass er sich für eine eigene Therapie anmeldete.

In vielen Fällen kann die Elternarbeit nach oder parallel zu einer individuellen Therapie eines Elternteils laufen. Ahlheim und Eickmann schildern einen Fall, in der die Mutter eines Patienten in ihrer eigenen Therapie viel erreicht hatte (Ahlheim & Eickmann, 1999). »Und doch bedurfte es eines eigenen Anstoßes im Rahmen der Kindertherapie, bis ihre Umstellungsbereitschaft auch in der Beziehung zu Johann zum Tragen kam.« (ebd., S. 383). In der begleitenden Therapie der Bezugspersonen werden die Eltern als Eltern angesprochen, selbst wenn man sich um die kindlichen Anteile der Eltern kümmert. »Die Erfahrung ist verbreitet, daß die eigene Analyse der Eltern wohl die Sensibilität für bisher ungefühlte Emotionen schärft, aber die elterliche Position nicht unbedingt stärkt. Das passagere Wiederaufleben von kindlichen und unangepaßten Wünschen scheint eher den Wunsch zu bestärken, Kind zu sein, statt Kinder zu haben.« (ebd., S. 384). Das Setting der Elternarbeit sorgt immer dafür, dass das Beziehungsfeld zwischen Eltern und Kind nicht aus dem Blick gerät. Eltern sind sich meiner Erfahrung nach immer bewusst, dass sie als Eltern da sind, egal, um welche Themen oder Konflikte es in den Elternsitzungen geht.

Es ist bekannt, dass viele Kinder- und Jugendlichenpsychotherapien daran scheitern, dass keine kontinuierliche, effektive Elternarbeit geleistet wird.

Es gibt Eltern, die den Fortschritt des Kindes in der Therapie in Zusammenhang bringen können mit einer Verbesserung der familiären Situation und der Auflösung des »Teufelskreises zwischen den Eltern und den Kindern« (Segal & O'Shaughnessy, 1987, zitiert nach Schier, 1999, S. 427). Es gibt aber auch Eltern, die sich mit allen Kräften gegen die Gesundung ihres Kindes sträuben. Das kann geschehen, wenn die Genesung des Kindes nach Meinung der Eltern eine Gefahr für die (falsche) Harmonie ihres eigenen Lebens darstellt (vgl. Biermann, 1969).

Schon Sandler, Dare, Holder betonen, dass die Hauptaufgabe der psychodynamischen Kinder- und Jugendlichenpsychotherapie zunächst darin besteht, ein Behandlungsbündnis mit den Eltern herzustellen (Sandler, Dare & Holder, 1973). Nur unter dieser Voraussetzung kann es gelingen, die Übertragungen der Eltern auf das Kind und den Therapeuten zu erkennen. Die begleitende Elterntherapie unterscheidet sich von einer Erwachsenentherapie, da sich in der Kinderanalyse immer ein »Übertragungsdreieck« bildet, das ein Zusammenwirken von Übertragungen zwischen dem Therapeuten, dem Kind und den Eltern beinhaltet. Genauer betrachtet ist es sogar ein Übertragungsviereck von Vater, Mutter, Kind und Therapeut (▶ Kap. 2). Als Viereck wird die Übertragungssituation besonders bei zerstrittenen und getrennten Eltern wahrgenommen. Es liegt eine große Gefahr darin, das Bündnis mit den Eltern zu vernachlässigen. Dann kann sich kein epistemisches Vertrauen aufbauen, d. h. es besteht kein gutes Vertrauensverhältnis, man kennt die Phantasien, Projektionen und Delegationen der Eltern nicht und kann nicht einschätzen, was sie auf die therapeutische Beziehung, die ja dennoch besteht, übertragen. Dem in diesem Buch vorgestellten Konzept liegt wesentlich die Annahme zugrunde, dass das Behandlungsbündnis mit den Bezugspersonen als erste und vordringlichste Aufgabe des Therapeuten zu sehen ist.

Zusätzlich zur Ebene der praktischen klinischen Umsetzung ergibt sich aus den Erkenntnissen zur Bedeutung der Elternarbeit m. E. die Aufgabe, die Theorie und Praxis der Elternarbeit nicht nur qualitativ, sondern auch empirisch tiefergehend zu erforschen (vgl. Windaus, 2024, S. 94 ff.). Es ist wünschenswert, dass exakt formulierte Modelle und Konzepte zur Elternarbeit in der Kinder- und Jugendpsychotherapie (im Rahmen des ethisch Vertretbaren) auch empirisch in ihren Vorteilen und Wirkungen erforscht werden. Novick und Novick benennen noch eine weitere wichtige Anwendung, die über den Nutzen für das Feld der Elternarbeit in der psychodynamischen Kinder- und Jugendlichenpsychotherapie hinausgeht: »Ein weiterer Vorteil der Elternarbeit besteht darin, dass sie es ermöglicht, die Phase der psychischen Elternschaft zu untersuchen« (Novick & Novick, 2009, S. 238).

Die Erforschung von Elternschaft als Entwicklungsphase des Erwachsenenalters ist sinnvoll, um Kriterien für gelingende Elternschaft formulieren zu können. Die Entwicklungsphase der Elternschaft besteht nach Novick und Novick in einer Abfolge von Subphasen. Welche sind das? Bauen sie aufeinander auf? Hier sind weitergehende Überlegungen und Ausarbeitungen notwendig.

Mutter, Vater, Großmutter und Großvater zu werden und zu sein, stellt vermutlich die schwierigste und nicht-abwählbare Aufgabe im Leben Erwachsener dar. Diese Herausforderung macht natürlich auch vor Psychotherapeuten und ihren Familien nicht Halt. Jeder kann dabei Hilfe und Unterstützung gebrauchen. Voraussetzung für die in diesem Buch vorgeschlagene Elternarbeit ist die Fähigkeit des Therapeuten, sich mit den Bezugspersonen ausreichend identifizieren zu wollen und zu können. Das ist meiner Erfahrung nach die wichtigste technische Regel der Elternarbeit. Nur so kann das Potential der Kinder- und Jugendlichenpsychotherapie voll ausgeschöpft werden. Wir werden als erfahrene und angehende Therapeuten »aller Wahrscheinlichkeit nach immer mal wieder auf Defizite, Lücken und unbewältigte unbewusste Konflikte in der eigenen (triadischen) Entwicklung zurückgeworfen« (Althoff, 2024, S. 125 f.). Wenn es möglich ist, dehnen wir uns dann aus in unseren Containing- und Mentalisierungskapazitäten. Aber, wie Grieser (2024) zu bedenken gibt, »ob »Verständnis für die Eltern« und die »Verständigung mit ihnen« möglich sind, hängt nicht unbedingt von den Eigenschaften der Eltern ab, wie etwa dem Strukturniveau oder Mentalisierungsfähigkeit oder beispielsweise einer der Therapeutin vertrauten sozioökonomischen Position. Vielmehr geht es um Persönlichkeitsvariablen der Therapeutin, deren Motivation, Vorlieben und Abneigungen, deren Hintergrund und Verstehensmöglichkeiten, auch jenseits ihres fachlichen Wissens und ihrer Erfahrungen« (Grieser, 2024, S. 142).

In der Richtlinienpsychotherapie haben wir – verglichen mit anderen Ländern – die Möglichkeit, für verhältnismäßig lange Kinder- und Jugendlichenbehandlungen einschließlich der regelmäßigen Bezugspersonenarbeit die Kostenübernahme durch Kostenträger des Sozialversicherungssystems zu sichern. Eine Folge davon ist, dass wir es in Deutschland mit einer breit gestreuten Klientel an Bezugspersonen zu tun haben. Das bedeutet aber nicht, weniger Anstrengungen zu unternehmen, kontinuierliche Bezugspersonenarbeit zu initiieren, sondern sich eher darin zu üben, diese Arbeit systematischer und konzeptionell klarer zu fassen und auszuüben sowie die eigenen Kompetenzen im Bereich von Mentalisierungs- und triadischer Fähigkeiten auszubauen.

Gleichzeitig möchte ich an die Multiplikatoren, die Dozenten, Supervisoren, Lehrplanersteller (inkl. mir selbst) appellieren, die begleitende Psychotherapie der Bezugspersonen erstmals oder weiterhin zu einem wichtigen Teil der Ausbildung zu erklären.

Zum Abschluss sei in Tabelle 11.1 (▶ Tab. 11.1) noch einmal überblickshaft die wichtigste Aufgabe der begleitenden Psychotherapie dargestellt, nämlich mit den Bezugspersonen ein Bündnis einzugehen und wahrzunehmen, wieweit sie ihre Bündnisaufgaben bewältigen können und ihnen dabei ggf. zu helfen:

Tab. 11.1: Die wichtigsten Aufgaben der begleitenden Psychotherapie

Phase	Bündnisaufgabe der Eltern
Erkundungsphase	Aufgabe, zur eigenen Beteiligung bereit zu sein z. B. durch elterliche Sorge, gemeinsame Arbeit, Entwicklung von Zuversicht
Vereinbarung des Rahmens	Aufgabe, für Zuverlässigkeit und Zuständigkeiten Verantwortung zu übernehmen

Tab. 11.1: Die wichtigsten Aufgaben der begleitenden Psychotherapie – Fortsetzung

Phase	Bündnisaufgabe der Eltern
Anfangsphase der Psychotherapie	Aufgabe, die Beziehung des Kindes zum Therapeuten zulassen und die körperliche Trennung akzeptieren zu können
Mittlere Therapiephase	Aufgabe, die psychische Getrenntheit des Kindes akzeptieren und integrieren zu können
Vorbereitung der Beendigung	Aufgabe, den Verlust (oder die Gefühle), den der Therapieabschluss mit sich bringt, zu integrieren
Beendigungsphase	Aufgabe, die Weiterentwicklung des Kindes anzuerkennen und selbst mitzuwachsen

Zum Schluss:
»Viele Kinder haben schwer erziehbare Eltern«, schrieb Jean-Jacques Rousseau, aber es sind die einzigen Eltern, die sie haben.

11.1 Kapitelabschluss

11.1.1 Zusammenfassung

Dem in diesem Buch vorgestellten Konzept liegt wesentlich die Annahme zugrunde, dass das Behandlungsbündnis mit den Bezugspersonen als erste und vordringlichste Aufgabe des Therapeuten zu sehen ist. Voraussetzung für ein dauerhaft gelingendes Behandlungsbündnis wird in der Motivation des Therapeuten gesehen, sich mit den Bezugspersonen identifizieren zu wollen und zu können. Zentrale These des Buches ist, dass nur so das Potential der Kinder- und Jugendlichenpsychotherapie voll ausgeschöpft werden kann.

11.1.2 Literatur zur vertiefenden Lektüre

Sandler, J & Dare, C. & Holder, A. (1973). *The Patient and the Analyst*. New York: International University Press.

11.1.3 Weiterführende Fragen

- Unter welchen Umständen ist es sinnvoll, Bezugspersonen eine eigene Therapie zu empfehlen und welche Gefahren birgt dieses Vorgehen?
- Welchen Stellenwert hat die Motivation des Therapeuten, sich mit den Bezugspersonen zu identifizieren?

Literatur

Abelin, E. L. (1975). Some further oberservations and comments on the earliest role of the father. *International Journal of Psycho-Analysis 56*, 293–302.
Abelin, E. L. (1986). Die Theorie der frühkindlichen Triangulation. In J. Stork (Hrsg.), *Das Vaterbild in Kontinuität und Wandlung*. Stuttgart: Frommann-Holzboog.
Ahlheim, R. (2007). Die begleitende tiefenpsychologisch fundierte Psychotherapie der Bezugspersonen. In H. Hopf & E. Windaus (Hrsg), *Psychoanalytische und tiefenpsychologisch fundierte Kinder- und Jugendlichenpsychotherapie. Lehrbuch der Psychotherapie Band 5* (S. 253–269). München: CIP-Medien.
Ahlheim, R. & Eickmann, H. (1999). Wirkfaktoren in der Arbeit mit den Eltern. *Analytische Kinder- und Jugendlichen-Psychotherapie 3*, 381–397.
Ahlheim, R. & Müller-Brühn, E. (1992). Elternarbeit als Erweiterung des analytischen Bezugsrahmens der Kinderpsychotherapie. In G. Biermann (Hrsg.), *Handbuch der Kinderpsychotherapie Band V* (S. 470–484). München, Basel: Reinhardt.
Albani, C., Blaser, G. & Geyer, M. & Kächele, H. (1999). Die »Control-Mastery« Theorie – eine kognitiv orientierte psychoanalytische Behandlungstheorie von Joseph Weisd. *Forum der Psychoanalyse 15*, 224–236.
Allen, J. G. & Fonagy, P. (Hrsg). (2009). Mentalisierungsgestützte Therapie. (E. Vorspohl, Übers.) Stuttgart: Klett-Cotta. (Originalarbeit erschienen 2006).
Allen, J. G., Fonagy, P. & Bateman A. W. (2011). Mentalisieren in der psychotherapeutischen Praxis (E. Vorspohl, Übers.). (2. Aufl.). Stuttgart: Klett-Cotta (Originalarbeit erschienen 2006).
Althoff, M. L. (2007). Rahmenbedingungen der Psychotherapie. Rahmenbedingungen der Psychotherapie, Behandlungssetting, Patient-Therapeut-Interaktion, Bezugspersonen-Therapeut-Interaktion, Einleitung und Ende der Behandlung. In H. Hopf &. E. Windaus (Hrsg.). *Psychoanalytische und tiefenpsychologisch fundierte Kinder- und Jugendlichenpsychotherapie. Lehrbuch der Psychotherapie Band 5* (S. 177–192). München: CIP-Medien.
Althoff, M. L. (2009). *Der Sichere Rahmen*. Frankfurt: Peter Lang.
Althoff, M. L. (2013). Die vakante Sitzung in Psychoanalyse und Supervision. *Forum der Psychoanalyse 29*, 139–160.

Literatur

Althoff, M. L. (2017). *Macht und Ohnmacht mentalisieren.* Heidelberg: Springer.

Althoff, M. L. (2024). Konzeption, therapeutische Haltung und Motivation in der Elternarbeit. *Kinderanalyse 32,* 109–128.

Argelander, H. (1970a). *Das Erstinterview in der Psychotherapie.* Darmstadt: Wissenschaftliche Buchgesellschaft.

Argelander, H. (1970b). Die szenische Funktion des Ichs und ihr Anteil an der Symptom- und Charakterbildung. *Psyche 24,* 325–345.

Bauer, J. (2007). *Prinzip Menschlichkeit. Warum wir von Natur aus kooperieren.* Hamburg: Hoffmann und Campe.

Beebe, B. & Lachmann, F. M. (2004). Säuglingsforschung und die Psychotherapie Erwachsener (H. Haase, Übers.). Klett-Cotta, Stuttgart (Originalarbeit erschienen 2002)

Benedek, T. (1960). Elternschaft als Entwicklungsaufgabe. *Ein Beitrag zur Libidotheorie. Jahrbuch der Psychoanalyse 1,* 35–61.

Bion, W. R. (1992). *Lernen durch Erfahrung* (E. Krejci, Übers.). Frankfurt am Main: Suhrkamp. (Originalarbeit erschienen 1962).

Biermann, G. (1969). Psychotherapeutische Probleme bei psychosomatischen Erkrankungen im Kindes- und Jugendalter. Tägliche Praxis 10, 451–458.

Blohm, F. (2011). Das Unbehagen am Ausfallhonorar. *Forum der Psychoanalyse 27,* 61–81.

Bott-Spillius, E. (Hrsg.). (2002). *Melanie Klein heute. Entwicklungen in Theorie und Praxis, Bd. 1.* Stuttgart: Klett-Cotta.

Bundesministerium für Familie, Senioren, Frauen und Jugend (2024) Familienreport. Bmfsfj.de

Burchartz, A. (2012). *Psychodynamische Psychotherapie bei Kindern und Jugendlichen.* Stuttgart: Kohlhammer.

Burchartz, A., Hopf, H. & Lutz, C. (2016). *Psychodynamische Therapien mit Kindern, Jugendlichen und jungen Erwachsenen. Geschichte, Theorie, Praxis.* Stuttgart: Kohlhammer.

Chethik, M. (2000). *Techniques in Child Therapy. Psychodynamic strategies.* (2. Auflage). New York, London: Guilford Press.

Cierpka, M. (1988). *Familiendiagnostik.* Berlin: Springer.

Cooper, A. & Redfern, S. (2016). *Reflective Parenting.* London, New York: Routledge.

Dammasch, F. (2000). *Die innere Erlebniswelt von Kindern alleinerziehender Mütter. Eine Studie über Vaterlosigkeit anhand einer psychoanalytischen Interpretation zweier Erstinterviews.* Frankfurt am Main: Brandes & Apsel.

Diez Grieser, M. T. (1996). Probleme der Elternarbeit in der Psychotherapie mit Kindern und Jugendlichen. *Kinderanalyse 4,* 241–253.

Dornes, M. (2005). Theorien der Symbolbildung. *Psyche 59*(1), 72–81.

Dührssen, A. (1980). *Psychotherapie bei Kindern und Jugendlichen* (6. Aufl.). Göttingen: Vandenhoeck & Ruprecht.

Eckstaedt, A. & Klüwer, R. (Hrsg.). (1980). *Zeit allein heilt keine Wunden. Psychoanalytische Erstgespräche mit Kindern und Eltern.* Frankfurt am Main: Suhrkamp.
Fonagy, P. (2009). *Bindungstheorie und Psychoanalyse* (M. Klostermann, Übers.) (3. Aufl.). Stuttgart: Klett Cotta. (Originalarbeit erschienen 2003).
Fonagy, P. & Target, M. (1998). Mentalization and the Changing Aims of Child Psychoanalysis. *Psychoanal. Dial. 8*, 87–114.
Fonagy, P. & Target, M. (2001). Mentalisation und die sich ändernden Ziele der Psychoanalyse des Kindes. *Kinderanalyse 9*(2), 229–244.
Fonagy, P. & Target, M. (2002). Neubewertung der Entwicklung der Affektregulation vor dem Hintergrund von Winnicotts Konzept des »falschen Selbst«. *Psyche 56*(9–10), 839–862.
Fonagy, P. & Target, M. (2007). Psychoanalyse und die Psychopathologie der Entwicklung. (Übers. E. Vorspohl) Klett-Cotta: Stuttgart (2. Aufl.) (Originalarbeit erschienen 2003).
Fonagy, P., Gergely, G., Jurist, E. & Target, M. (2006). *Affektregulierung, Mentalisierung und die Entwicklung des Selbst.* (E. Vorspohl, Übers.) Stuttgart: Klett-Cotta (2. Aufl.) (Originalarbeit erschienen 2002).
Fonagy, P. & Nolte, T. (Hrsg.). (2023). *Epistemisches Vertrauen.* Stuttgart: Klett-Cotta.
Fraiberg, S., Adelson, E. & Shapiro, V. (1975). Ghosts in the nursery. *Journal of the American Academy of Child Psychiatry 14*, 387–422.
Fraiberg, S., Adelson, E. & Shapiro, V. (1990). Schatten der Vergangenheit. *Arbeitshefte Kinderpsychoanalyse 11/12*, 141–160.
Fraiberg. S., Adelson, E. & Shapiro, V. (2003). Gespenster im Kinderzimmer. *Analytische Kinder- und Jugendlichen-Psychotherapie 34*, 465–504.
Freud, A. (1987a). Vier Vorträge über Kinderanalyse. In: *Die Schriften der Anna Freud. Bd. I (1922–1936).* (S. 11–75). Frankfurt am Main: Fischer. (Originalarbeit erschienen 1927)
Freud, A. (1987b). Das Ich und die Abwehrmechanismen. In: *Die Schriften der Anna Freud. Bd. I (1922–1936).* (S. 197–203). Frankfurt am Main: Fischer. (Originalarbeit erschienen 1936)
Freud, A. (1987c). Die kinderpsychiatrische Beratungsstelle als Zentrum der Vorbeugung und Aufklärung. In: *Die Schriften der Anna Freud. Bd. VII.* Frankfurt am Main: Fischer. (Originalarbeit erschienen 1960).
Freud, A. (1987d). Einführung zu: Kata Levy, »Simultananalyse einer Mutter und ihrer jugendlichen Tochter. Der Beitrag der Mutter zur Lockerung der infantilen Objektbindung«. In: *Die Schriften der Anna Freud. Bd. VII.* Frankfurt am Main: Fischer. (Originalarbeit erschienen 1960).
Freud, A. (1987e). Wege und Irrwege in der Kinderentwicklung. In: *Die Schriften der Anna Freud. Bd. VIII.* Frankfurt am Main: Fischer. (Originalarbeit erschienen 1965).

Freud, A. (1987 f). Kinderanalyse als ein Spezialfach der Psychoanalyse. In: Die Schriften der Anna Freud. Bd. IX. Frankfurt am Main: Fischer. (Originalarbeit erschienen 1970).

Freud, A. (1987 g) Einführung. In: *Die Schriften der Anna Freud. Bd. I (1922–1936).* (S. 3–8). Frankfurt am Main: Fischer. (Originalarbeit erschienen 1980).

Freud, S. (1905). Bruchstück einer Hysterie-Analyse. GW V, S. 161–286

Freud, S. (1906). Meine Ansichten über die Rolle der Sexualität in der Ätiologie der Neurosen. GW V, S. 147–160

Freud, S. (1909). Analyse der Phobie eines fünfjährigen Knaben. GW VII, S. 243–377

Freud, S. (1914). Zur Einführung des Narzißmus. GW X, S. 137–170

Freud, S. (1999). Briefe an Wilhelm Fließ, 1887–1904. Fischer, Frankfurt am Main (2. Aufl.) (Herausgegeben von Jeffrey Moussaieff Masson/Bearbeitung Michael Schröder)

Furman, E. (1995). Working with and through the parents. *Child Analysis 6,* 21–42.

Furman, E. (1996). Parenting the hospitalized child: Consulting with child life workers. *Child Analysis 7,* 88–112.

Furman, E. (1997). On motherhood. *Child Analysis 8,* 126–149.

Furman, E. (1999). The impact of parental interventions. (Comment on The impact of parental interventions on the analysis of a 5-year-old boy. A clinical account. International Journal of Psycho-Analysis, 1997). *International Journal of Psycho-Analysis 80,* 172.

Garland, C. (1991). Internal disasters and the internal world: An approach to understanding survivors. In J. Holmes (Hrsg.), *Handbook of Osychiatric Psychotherapy.* Edinburgh: Churchill Livingston.

Gergely, G. & Watson, J. (1996). Die Theorie des sozialen Biofeedbacks durch mütterliche Affektspiegelung. [The social biofeedback model of parental affect-mirroring] (E. Vorspohl, Übers.). Selbstpsychologie, 17/18, 143–194 (2004).

Gergely, G. & Watson, J. (1999). Early social-emotional development: Contingency perception and the social biofeedback model. In: P. Rachat (Hrsg), *Early Social Cognition: Understanding Others in the First Months of Life.* (S. 101–137). Hillsdale: Erlbaum.

Göttken, T. & von Klitzing, K. (2015). *Psychoanalytische Kurzzeittherapie mit Kindern.* Stuttgart: Klett-Cotta.

Green, V. (2000) Therapeutic space for re-creating the child in the mind of the parents. In J. Tsiantis (Hrsg), *Work with parents. Psychoanalytic psychotherapy with children and adolescents.* (S. 25–45). London: Karnac.

Grieser, J. (2015). *Triangulierung.* Gießen: Psychosozial.

Grieser, J. (2018). *Elternarbeit in der Psychotherapie von Kindern und Jugendlichen.* Göttingen: Vandenhoeck & Ruprecht.

Grieser, J. (2024). Die therapievorbereitende Elternarbeit. *Kinderanalyse 32,* 85–108.

Heinemann, E. & Hopf, H. (2015). *Psychische Störungen in Kindheit und Jugend.* (5. Aufl.). Stuttgart: Kohlhammer.

Hirshfeld, L. (2001). *Work with Parents in Child Analysis and Psychotherapy.* Unveröffentlichte Dissertation. Center for Psychological Studies, Albany, CA.
Hüther, G. (2006). *Die Macht der inneren Bilder.* Göttingen: Vandenhoeck & Ruprecht.
Hug-Hellmuth, H. (1920). Zur Technik der Kinderanalyse. *Kinderanalyse 2*, 9–27 (1994).
Janosch (1996). *Löwenzahn und Seidenpfote.* Weinheim und Basel: Beltz (16. Aufl.).
Kahl-Popp, J. (2009). Die therapeutische Wirkung der Elternbehandlung. *Analytische Kinder- und Jugendlichen-Psychotherapie 143*, 301–329.
Kallenbach, G. (2014). *Begleitende Elternarbeit in der psychodynamischen Kindertherapie.* Gießen: Psychosozial-Verlag.
Kallenbach, G. (2024). »Ich bin an der Krise meines Sohnes gewachsen.«. *Kinderanalyse 32*, 154–186.
Kast, V. (2015). *Sich einlassen und loslassen.* Freiburg im Breisgau: Herder (25. Aufl.)
Klauber, T. (1999). Die Bedeutung des Traumas bei der Arbeit mit den Eltern schwer gestörter Kinder und Implikationen für die Arbeit mit den Eltern im Allgemeinen. *Analytische Kinder- und Jugendlichen-Psychotherapie 103*, 399–425.
Klein, M. (1921). *Das Seelenleben des Kleinkindes.* (H. A. Thorner, Hrsg.). Stuttgart: Klett.
Klein, M. (1932). *Die Psychoanalyse des Kindes.* In M. Klein: Gesammelte Schriften, Bd. 2. Stuttgart-Bad Cannstatt: frommann-holzboog (1997).
Klüwer, R. (1983). Agieren und Mitagieren. *Psyche 37(9)*, 828–840
Klüwer, R. (1995). Agieren und Mitagieren – zehn Jahre später. *Zeitschrift für psychoanalytische Theorie und Praxis 10*, 45–70.
Korte, M. (2003). Die vakante Sitzung. *Forum der Psychoanalyse 19*, 261–281.
Langs, R. J. (1982). *Psychotherapy: A Basic Text.* New York: Jason Aronson.
Langs, R. J. (1989) *Die Angst vor validen Deutungen und vor einem festen Rahmen.* Forum Psychoanal 5:1–18.
Langs, R. J. (2004). *Fundamentals of Adaptive Psychotherapy and Counselling.* New York: Palgrave.
Ley, K. (2011) *Die Kunst des guten Beendens.* Freiburg im Breisgau: Herder (2. Auflage)
Lombardi, R. (2022). *Die Körper-Psyche-Dissoziation-Entwicklung nach Bion.* Frankfurt/M: Brandes und Apsel.
Lorenzer, A. (1970). *Sprachzerstörung und Rekonstruktion.* Frankfurt am Main: Suhrkamp.
Lorenzer, A. (1974). *Die Wahrheit der psychoanalytischen Erkenntnis.* Frankfurt am Main: Suhrkamp.
Lutz, C. (2009). Elternarbeit unter analytischer Akzentsetzung. *Analytische Kinder- und Jugendlichen-Psychotherapie 143*, 363–383.
Lutz, C. (2014). *Adoptivkinder fordern uns heraus.* Stuttgart: Klett-Cotta.

Mahler, M., Pine, F. & Bergmann, A. (1980). *Die psychische Geburt des Menschen. Symbiose und Individuation* (H. Weller, Übers.). Frankfurt am Main: Fischer. (Originalarbeit erschienen 1975)
Midgley, N. & Vrouva, I. (2012). (Hrsg.) *Minding the child*. London: Routledge.
Müller, T. (2008). Rahmen, Setting. In W. Mertens & B. Waldvogel (Hrsg.), *Handbuch psychoanalytischer Grundbegriffe* (S. 622–627). Stuttgart: Kohlhammer.
Naumann-Lenzen, M. (1996). Spiel und Lernen in der Kinderpsychotherapie. *Analytische Kinder- und Jugendlichen-Psychotherapie 91*, 241–261.
Novick, J. & Novick, K. K. (2008). *Ein guter Abschied. Die Beendigung von Psychoanalysen und Psychotherapien*. Frankfurt am Main: Brandes & Apsel.
Novick, J. & Novick, K. K. (2009). *Elternarbeit in der Kinderpsychoanalyse. Klinik und Theorie*. Frankfurt am Main: Brandes & Apsel,
Ornstein, A. & Ornstein, P. (1994). Elternschaft als Funktion des Erwachsenen-Selbst. *Kinderanalyse 2*, 351–376.
Petersen, M. L. (1996). Der sichere Rahmen. *Forum der Psychoanalyse 12*, 110–127.
Petersen, M. L. (1999). Überlegungen zur Wahl des Settings für die begleitende Psychotherapie der Beziehungspersonen. *Analytische Kinder- und Jugendlichen-Psychotherapie 103*: 339–360.
Petri, H. & Thieme, E. (1978). Katamnese zur analytischen Psychotherapie im Kindes- und Jugendalter. *Psyche 31*(1), 21–51.
Piaget, J. (1936). *Das Erwachen der Intelligenz beim Kinde*. (Übers. B. Seiler) Stuttgart: Klett-Cotta (1975).
Pflichthofer, D. (2011). Zwischen Gesetz und Freiheit. Die Suche nach dem Rahmen und dem Objekt. *Psyche 65* (1), 30–62.
Richter, H. E. (1963). *Eltern, Kind und Neurose*. Stuttgart: Klett-Cotta.
Rinsley, D. B. (1981). Borderline psychopathology. The concepts of Masterson and Rinsley and beyond. *AdolescentPsychiatry: Development and Clinical Studies 9*, 259–274.
Rosenbaum, A. L. (2005). Die Beurteilung von Elternfunktionen: Ein wesentlicher Bestandteil der Indikationsstellung für eine Kinderanalyse. *Kinderanalyse 13* (2) 123–146. (Originalarbeit erschienen 1994)
Rudolf, G. & Horn, H. (2016). Psychotherapie bei Kindern und Jugendlichen. In G. Rudolf & U. Rüger (Hrsg.), *Psychotherapie in sozialer Verantwortung. Annemarie Dührssen und die Entwicklung der Psychotherapie* (S. 40–46). Stuttgart: Schattauer.
Rüger, U., Dahm, A., Dieckmann, M. & Neher, M. (2015). *Faber/Haarstrick. Kommentar Psychotherapie-Richtlinien*. (10. Aufl.). München: Urban & Fischer.
Sadler, L., Slade, A. & Mayes, L. (2009). Das Baby bedenken: mentalisierungsgestützte Erziehungsberatung. In Allen, J. G. & Fonagy, P. (Hrsg.), *Mentalisierungsgestützte Therapie* (S. 375–398). (E. Vorspohl, Übers.) Stuttgart: Klett-Cotta. (Originalarbeit erschienen 2006).
Sandler, J., Dare, C. & Holder, A. (1973). *The Patient and the Analyst*. New York: International University Press.

Sandler, J., Kennedy, H. & Tyson, R. L. (1982). *Kinderanalyse. Gespräche mit Anna Freud.* (J. A. Frank, Übers.). Frankfurt am Main: Fischer. (Originalarbeit erschienen 1980)
Schier, K. (1999). Übertragungsphänomene in der psychoanalytisch orientierten Psychotherapie mit Kindern: die Übertragung der Eltern. *Analytische Kinder- und Jugendlichen-Psychotherapie 103:* 426–435.
Segal, H. (1983). *Melanie Klein. Eine Einführung in ihr Werk.* München: Kindler.
Simon, F. B. (1993). *Unterschiede, die Unterschiede machen* (5., Aufl.). Frankfurt am Main: Suhrkamp.
Stern, D. (2012). *Veränderungsprozesse.* Gießen: Psychosozial-Verlag.
Stern, D. N., Bruschweiler-Stern, N. & Freeland, A. (2000). Geburt einer Mutter: Die Erfahrung, die das Leben einer Frau für immer verändert. München: Piper.
Stierlin, H. (1976). *Das Tun des Einen ist das Tun des Anderen.* Frankfurt am Main: Suhrkamp.
Verheugt-Pleiter, A. J. E., Zevalkink, J. & Schmeets, M. G. J. (Hrsg.). (2008). *Mentalization in Child Therapy.* London: Karnac.
von Klitzing, K. (2002). Frühe Entwicklung im Längsschnitt: Von der Beziehungswelt der Eltern zur Vorstellungswelt des Kindes. *Psyche 56* (9/10), 863–887.
von Klitzing, K. (2005). Rivalen oder Bündnispartner? Die Rolle der Eltern bei der analytischen Arbeit mit Kindern – Eine Einführung in das Themenheft. *Kinderanalyse 13*, 113–122.
von Klitzing, K., Simoni, H. & Bürgin, D. (1999a). Child development and early triadic family relationships. *International Journal of Psycho-Analysis 80* (1), 71–89.
von Klitzing, K., Simoni, H., Amsler, F. & Bürgin, D. (1999b). The role of the father in early family interactions. *Infant Mental Health Journal 20*, 222–237.
von Klitzing, K. & Eisenhut, P. (2005). Elternarbeit in der stationären Kinderpsychiatrie. *Kinderanalyse 13*, 197–217.
von Klitzing, K. & Stadelmann, S. (2011). Das Kind in der triadischen Beziehungswelt. *Psyche 65*, 953–971.
Watzlawick, P., Beavin, J. H. & Jackson, D. D. (2011). *Menschliche Kommunikation. Formen, Störungen, Paradoxien.* (12. Aufl.). Bern: Huber.
Weiss, J. (1993). *How Psychotherapy Works.* New York: Guilford Press.
Willi, J. (1975). *Die Zweierbeziehung. Spannungsursachen, Störungsmuster, Klärungsprozesse, Lösungsmodelle.* Reinbek b. Hamburg: Rowohlt
Windaus, E. (1999). Psychoanalytische Elternarbeit und szenisches Verstehen. *Analytische Kinder- und Jugendlichen-Psychotherapie 103:* 307–338.
Windaus, E. (2024). Psychoanalytische Elternarbeit – Geschichte und Aktualität. *Kinderanalyse 32*, 85–108.
Winnicott, D. W. (1983). *Von der Kinderheilkunde zur Psychoanalyse.* (G. Theusner-Stampa, Übers.) Frankfurt am Main: Fischer. (Originalarbeit erschienen 1958).
Winnicott, D. W. (2006). *Reifungsprozesse und fördernde Umwelt. Studien zur Theorie der emotionalen Entwicklung* (G. Theusner-Stampa, Übers.). Gießen: Psychosozial-Verlag. (Originalarbeit erschienen 1965).

Winnicott, D. W. (1979). *Vom Spiel zur Kreativität* (M. Ermann, Übers.). Stuttgart: Klett-Cotta. (Originalarbeit erschienen 1971)
Winnicott, D. W. (1996). *Blick in die analytische Praxis.* Stuttgart: Klett-Cotta. (Originalarbeit erschienen 1972).
Winnicott, D. W. (1980). Piggle. Eine Kinderanalyse. (W. Pauls, Übers.). Stuttgart: Klett-Cotta. (Originalarbeit erschienen 1977).
Wolff, A. (1999). Elternarbeit anders. *Analytische Kinder- und Jugendlichen-Psychotherapie* 103: 361–379.
Zaphiriou Woods, M. & Pretorius, I. M. (Hrsg.). (2013). *Eltern-Kind-Gruppen: Psychoanalytische Entwicklungsforschung und Praxisbeispiele. Schriften zur Psychotherapie und Psychoanalyse von Kindern und Jugendlichen. Bd. 25.* Frankfurt am Main: Brandes & Apsel.

Stichwortverzeichnis

A

Affektspiegelung 43, 67
Anfangsphase 138, 180
– Interventionen 144
Ängste 27, 37, 42, 54, 80, 138, 153, 156

B

Bedeutung Kinder 75
– Risiken 81
– Wünsche und Motive 77
Beendigungsphase 177, 181
– Bewältigung des Abschieds 181
– das Danach 182
begleitende Psychotherapie
– Fokus 185
– individuelle Therapie 186
– Übertragungen 187
Behandlungsphasen 42, 96
Bezugspersonen 142
– begleitende psychotherapeutische Arbeit 17, 46
– Erzieher, Betreuer 143
– Erziehungs- und Betreuungspersonen 143
– leibliche Eltern 58, 94, 111, 142
– Patchworkfamilien 46, 143
– Pflege-, Adoptiveltern 143
– Widerstände 162

Bündnisaufgabe 42, 116, 124, 138, 153, 168, 179, 189

C

Containing 91, 126
Control-Mastery-Theorie 101, 106
– Bewährungsproben 101

D

destruktive Machtkämpfe 159

E

Elternarbeit
– Konzeptualisierung 108
Elternschaft
– Ohnmacht und Hilflosigkeit 87
– posttraumatischer Stress 85
– Substufen 93
– transgenerationale Perspektive 78, 90
– Traumatisierung durch 84
epistemisches Vertrauen 67
Erkundungsphase 97, 108, 110, 115, 118, 120, 180
– Abwehrkonstellation 117
– Auswertung 117
– Behandlungsempfehlung 120

- Erstes Gespräch mit den Eltern 111
- Kontaktaufnahme 109
- Transformationen 116
- weitere Erkundungsgespräche 114

F

Familiengeheimnisse 163
Form der Elternarbeit 19, 23
- Befragung 21
- Co-Therapeuten 19
- Elternschaft meistern 42, 98, 106
- Ich-psychologisch 31
- Initiierung Reifungsprozess 34
- Jung'sche Typenlehre 38
- Mentalisierungskompetenz 43
- pädagogisch 23
- potenzieller Raum 28
- szenisches Verstehen 37, 98
- triadische Kompetenz 40, 59, 62
- Übertragungsangebote 36
- unbewusste pathogene Überzeugung 35
- wenig stören 26
- Wiedergewinnung Elternfunktion 32

G

Geheimnisse
- Elterngeheimnisse 135
- Familiengeheimnisse 134
- Kindergeheimnisse 135

H

Holding 126

I

Interventionstechnik 99

K

Kleiner Hans 18
Kontextanalyse 38, 96, 99, 103, 106, 171
- kontextanalytisch arbeiten 168
Körpermodus 67

M

Macht der Rahmenbedingungen 133
Macht der Umstände
- Nutzung der 129
Mentalisieren 43, 63, 65, 66
Mentalisierungsarbeit 142
- Beispiel für 142
Mentalisierungsfähigkeit 44, 46, 60, 63, 65, 68, 69, 72, 73, 99
- Dimensionen 66
- Entwicklung 66
Mentalisierungstheorie 106
mittlere Phase 180
mittlere Therapiephase 152
- Arbeitsaufgaben Therapeut 162
- Ausweichen vor Konflikten 157
- Rückzug 154, 157
- Schutz der Abwehr 158
Modus
- Als-Ob-Modus 70
- Psychische Äquivalenz 69
- Reflexiver Modus 70
- Zielgerichteter Modus 69

P

Phase Vorbereitung Beendigung 167, 180

R

Rahmen 123
- der Elternarbeit 127
- Ebenen des 126
- Gesamtrahmen 134
- Rahmenkomponenten 127
- Rahmenvereinbarung 129
- Teilrahmungen 134
- Vereinbarung 123
Rahmenhandhabung 38, 138
Richtlinienpsychotherapie 29, 95, 109, 118, 154, 166, 189
Rivalität 25

S

Setting 114

T

Therapeut
- Ablösung 58
- Abwehr 39
- Abwehr Hilflosigkeit 56
- Abwehr Ohnmacht 52
- Anwalt des Kindes 94
- Autonomie, Abhängigkeit 58
- bessere Mutter, besserer Vater 52
- Bündnispartner 95, 97, 149
- Gegenübertragung 53
- Identifikation mit Bezugspersonen 188
- triadische Kompetenz 39, 59, 60, 63, 171
- Übertragungen 55
- Widerstände 42, 48, 49, 55, 57
Triaden, gestörte 40
Triangulierung 40

U

Umstellungsfähigkeit 123
unbewusste pathogene Überzeugung
- Arbeit an der 155

W

Widerstandsquellen 34

Z

Zielformulierung 120

Personenverzeichnis

A

Abelin 59
Adelson 91
Ahlheim 5, 32, 33
Ahlheim &. Müller-Brühn 32
Albani 101
Allen 66
Althoff 5, 37, 87, 118, 129, 159
Argelander 37

B

Bateman 66
Bauer 147
Benedek 29, 30
Bion 86
Blaser 101
Blohm 118
Bruschweiler-Stern 78
Burchartz 76, 95, 109

C

Chethik 5, 31, 32
Cooper 45

D

Dammasch 60
Dare 187
Diez Grieser 35
Dornes 43
Dührssen 6

E

Eckstaedt 37
Erikson 92

F

Fonagy 43, 63, 66, 68
Fraiberg 78
Freud, Anna 21, 22, 24, 25, 46, 98
Freud, Sigmund 18, 19, 49, 77
Furman 94

G

Garland 85
Gergely 67
Geyer 101
Göttken 154
Green 36
Grieser 40, 188

H

Heinemann 109
Holder 187
Hopf 109
Horn 47
Hug-Hellmuth 20, 21, 46
Hüther 146

J

Janosch 81
Jung 38

K

Kächele 101
Kahl-Popp 111
Kast 184
Kennedy 47
Klauber 84
Klein 25, 26, 46
Klüwer 37
Korte 118

L

Langs 103, 104
Ley 184
Lombardi 68
Lorenzer 37
Lutz 38

M

Müller 126
Müller-Brühn 32

N

Naumann-Lenzen 35
Nolte 67
Novick 73
Novick & Novick 5, 41, 42, 49, 55, 93, 117, 147, 156

O

Ornstein 34

P

Pflichthofer 127, 132
Piaget 69
Pretorius 44

R

Redfern 45
Richter 79
Rosenbaum 73
Rudolf 47

S

Sandler 23, 187
Schmeets 95
Shapiro 91
Stadelmann 40
Stern 77, 78

T

Target 43, 63
Tyson 47

V

Verheugt-Pleiter 95
von Klitzing 24, 39, 59, 63, 154

W

Watson 67
Weiss 35, 101, 155

Windaus 5, 37
Winnicott 27, 28, 154
Wolff 137

Z

Zevalkink 95